Educação de jovens e adultos

DAS CONCEPÇÕES
À SALA DE AULA

EDUCAÇÃO NA UNIVERSIDADE

CURRÍCULOS *Marlucy Alves Paraíso*
EDUCAÇÃO DE JOVENS E ADUTOS *Roberto Catelli Jr.*
EDUCAÇÃO ESPECIAL *Jáima Pinheiro de Oliveira*
EDUCAÇÃO INFANTIL *Lívia Fraga Vieira* e *Mônica Correia Baptista*
FILOSOFIA DA EDUCAÇÃO *Ronai Rocha*
GESTÃO DA EDUCAÇÃO *Iracema Santos do Nascimento*
POLÍTICAS EDUCACIONAIS *Carlos Roberto Cury* e *Zara Figueiredo Tripodi*
PSICOLOGIA EDUCACIONAL *Maria de Fátima C. Gomes* e *Marcelo Ricardo Pereira*

Conselho da coleção
José Sérgio Fonseca de Carvalho – USP
Marlucy Alves Paraíso – UFMG
Rildo Cosson – UFPB

Proibida a reprodução total ou parcial em qualquer mídia
sem a autorização escrita da editora.
Os infratores estão sujeitos às penas da lei.

A Editora não é responsável pelo conteúdo deste livro.
O Autor conhece os fatos narrados, pelos quais é responsável,
assim como se responsabiliza pelos juízos emitidos.

Consulte nosso catálogo completo e últimos lançamentos em **www.editoracontexto.com.br**.

Roberto Catelli Jr.

Educação de jovens e adultos

DAS CONCEPÇÕES
À SALA DE AULA

Copyright © 2024 do Autor

Todos os direitos desta edição reservados à
Editora Contexto (Editora Pinsky Ltda.)

Foto de capa
Element5 Digital em Unsplash

Montagem de capa e diagramação
Gustavo S. Vilas Boas

Coordenação de textos
Luciana Pinsky

Preparação de textos
Lilian Aquino

Revisão
Daniela Marini Iwamoto

Dados Internacionais de Catalogação na Publicação (CIP)

Catelli Jr., Roberto
Educação de jovens e adultos : das concepções à sala de aula /
Roberto Catelli Jr. – São Paulo : Contexto, 2024.
128 p. : il. (Coleção Educação na Universidade)

Bibliografia
ISBN 978-65-5541-482-0

1. Educação de jovens e adultos – Brasil I. Título

24-2681	CDD 374.981

Angélica Ilacqua – Bibliotecária – CRB-8/7057

Índice para catálogo sistemático:
1. Educação de jovens e adultos – Brasil

2024

EDITORA CONTEXTO
Diretor editorial: *Jaime Pinsky*

Rua Dr. José Elias, 520 – Alto da Lapa
05083-030 – São Paulo – SP
PABX: (11) 3832 5838
contato@editoracontexto.com.br
www.editoracontexto.com.br

Sumário

Apresentação..7

A EJA como uma modalidade complexa................11

A EJA como espelho da história
    da desigualdade social brasileira.......................29

Políticas públicas e legislação
    para a EJA: avanços e retrocessos....................45

Uma pedagogia da heterogeneidade......................65

Educar jovens e adultos
    não é o mesmo que educar crianças...............85

O autor..121

Referências..123

Agradecimentos...125

Apresentação

É comum gestores públicos e do campo da educação dizerem que a educação de jovens e adultos (EJA) já não é uma modalidade importante porque atualmente todas as crianças entram na escola. Que a EJA já seria algo do passado. Tais gestores podem ser compreendidos como aqueles que ignoram a realidade ou fazem tais afirmações apenas para justificar a falta de investimentos na modalidade.

De fato, foi somente nos anos 1990 que o Brasil conseguiu universalizar o acesso de crianças ao ensino fundamental. Nessa década, no entanto, ainda era irrisória a parcela da população que chegava e concluía o ensino médio e ainda mais raros aqueles que conseguiam chegar à universidade. Em 1992, por exemplo, conforme o Censo Escolar, 75% dos jovens de 15 a 17 anos não tinham concluído o ensino fundamental, 81,3% dos jovens de 18 a 24 anos não tinham concluído o ensino médio e apenas 5,2% dos jovens de 25 a 29 anos tinham concluído o ensino superior.

Com relação ao analfabetismo, em 1970, 33,6% da população adulta com 15 anos ou mais era analfabeta, aproximadamente 18,1 milhões de pessoas. Em 1980, o índice se reduziu para 25,4%, mas o número absoluto de analfabetos até aumentou, chegando a 18,3 milhões. Em 1970, 24% dos jovens de 15 a 19 anos eram analfabetos, enquanto em 1980 essa taxa se reduziu para 16,47%.

Esses números explicitam algumas das razões pelas quais ainda temos no Brasil dezenas de milhões de brasileiros sem concluir a educação básica no século XXI. Apesar dos esforços para a universalização do atendimento às crianças nas séries iniciais a partir dos anos 1990, temos grandes contingentes sem ter concluído a educação básica, ocorrendo ainda elevada evasão e abandono da escola ao longo da trajetória dos estudantes.

Ao mesmo tempo, temos baixíssimas matrículas na educação de jovens e adultos, não ultrapassando ao longo do século XXI cerca de 3% da demanda potencial. Por quê? As razões são múltiplas. Faltam políticas que facilitem o acesso à escola, tais como transporte, políticas de saúde e espaço para deixar os filhos. Há também a inadequação da escola para atender essa população, uma vez que dificilmente produz currículos próprios para o segmento e insiste em manter apenas escolas noturnas com extensas jornadas. Ocorre ainda o desinteresse de muitos estados em investir na política de educação de jovens e adultos, preferindo direcionar recursos para a escola destinada a crianças e adolescentes no período diurno, mantendo a EJA em posição marginal no desenho da política educacional.

Persiste ainda o estigma do fracasso escolar, como se aqueles que estão fora da escola fossem os que perderam a oportunidade na chamada "idade própria", sendo um problema do indivíduo o retorno ou não à escola. A estes restaria a possibilidade de ocupar postos de trabalho menos qualificados ou serem, de fato, os excluídos da sociedade. Essa visão não leva em conta que estamos falando de muitos milhões de brasileiros que permanecem excluídos e tiveram seu direito à educação negado. Não se trata de um problema individual, e sim de um sistema social desigual e excludente que não cria condições para que os estratos mais pobres da população possam superar a condição de pobreza por meio da educação. Ao contrário, tal sistema desigual mantém grandes contingentes populacionais à margem do sistema educacional e exilados do ensino superior, reforçando sua condição de excluídos que devem se sujeitar aos piores empregos e remunerações.

Assim, um grande desafio político, de defesa da igualdade no Brasil, é criar as condições para que jovens e adultos sejam reparados em relação ao direito que lhes foi negado: o da conclusão da educação básica.

Mas o que significa voltar à escola? Sabemos que mais difícil do que uma pessoa abandonar a escola é retornar depois na vida adulta. São muitas as razões. Uma delas é a dificuldade de lidar com o próprio trauma que a instituição acabou por representar em sua vida, pois o processo de exclusão deixa marcas em cada uma destas pessoas.

Voltar para a escola não pode ser um retorno ao que não foi realizado na infância, mas sim a continuidade de processos formativos que podem ter caminhos novos a qualquer tempo da vida. A possibilidade de ter o direito à educação em qualquer momento com a perspectiva de avançar em sua formação para produzir mudanças pessoais e profissionais.

Nesse contexto, esta obra espera contribuir com a reflexão sobre os possíveis caminhos para construir uma política pública e propostas curriculares que atendam efetivamente a este público e possibilitem a real inclusão de milhões de brasileiros por meio da educação de jovens e adultos, que é uma modalidade da educação básica que deve alcançar, conforme a Lei de Diretrizes e Bases da Educação (LDB), brasileiros que não concluíram o ensino fundamental até os 15 anos e o ensino médio até 18 anos.

Sabemos que o currículo em uma escola se constitui também como uma construção social que tem implícita uma visão política e cultural daqueles que o criam e lhe dão vida no cotidiano. Ele não é apenas um documento técnico, mas um conjunto de intenções que vão se materializar e transformar com a prática de todos aqueles que atuam no fazer pedagógico. A questão central que se coloca é como a política pública de educação e as propostas curriculares para a EJA podem criar as melhores condições de permanência e ao mesmo tempo desenvolver propostas pedagógicas que façam sentido para essas pessoas que iniciam os estudos ou retornam à escola na vida adulta. Resgatar um direito não pode se limitar a abrir novas vagas em uma escola, é preciso que estas tenham sido pensadas a partir do desenvolvimento de um currículo específico para os sujeitos da EJA e que sejam disponibilizados recursos para uma experiência escolar rica e significativa sem as amarras com modelos educativos inviáveis para jovens e adultos que buscam iniciar ou retomar os estudos.

Esta obra tem como foco principal os educadores e estudantes que se preparam para atuar na EJA ou que precisam ampliar sua formação para enfrentar os desafios da educação de jovens e adultos no Brasil.

Nesse sentido, buscou-se situar a EJA no contexto histórico, político e social brasileiro estabelecendo, ao mesmo tempo, um diálogo com a prática na sala de aula, uma vez que reconheço a especificidade e complexidade desta modalidade.

No primeiro capítulo, defino conceitualmente a EJA como uma modalidade complexa, pois se refere a um campo da educação que abriga os sujeitos historicamente excluídos e muito diversos, que precisam de metodologias próprias e políticas intersetoriais para que seu direito à educação seja restituído. No segundo capítulo, realizo uma retomada da história da EJA no Brasil para mostrar a relação entre a modalidade e a própria história da desigualdade social brasileira, ou seja, como a existência de 68 milhões de brasileiros sem concluir a educação básica espelha a enorme desigualdade social que persiste no país. No terceiro capítulo, analiso as políticas públicas para EJA e as legislações formuladas nas últimas décadas. É essencial que se tenha um olhar sobre as políticas e sobre as leis para que se possa compreender os limites e possibilidades das propostas curriculares para a modalidade. No quarto capítulo, desenvolvo o que se denominou como pedagogia de heterogeneidade, ou seja, defino alguns pilares conceituais que podem contribuir para que se pense uma pedagogia que tenha um olhar efetivo para a diversidade como potência para o desenvolvimento do trabalho pedagógico na EJA. Por último, no quinto capítulo, realizo um olhar mais direto sobre o currículo e as práticas pedagógicas na EJA, destacando a necessidade de se produzir currículos específicos para a modalidade que tenham como foco as demandas de seus diversos sujeitos.

A EJA como uma modalidade complexa

Quando digo para alguém que sou um especialista na educação de jovens e adultos (EJA), frequentemente a pessoa me responde admirada, dizendo que a EJA é aquele trabalho com alfabetização de idosos, uma atividade que parece sempre ter um ar beneficente, assistencialista, que se faz porque você é alguém que deseja o bem dessas pessoas.

Isso pode até ser verdade, mas é preciso compreender que a EJA é muito mais complexa e abrangente do que isso. Trata-se de uma modalidade da educação básica para pessoas que, por inúmeras razões, abandonaram a educação básica na infância ou adolescência e tiveram sonegado o direito à educação previsto na Constituição brasileira.

Para essas pessoas, que em 2023 correspondiam a mais de 68 milhões de brasileiros, quer dizer cerca de 44% da população com 18 anos ou mais, trata-se de uma oportunidade de retomar ou continuar os estudos em um outro modelo de escola, que abriga pessoas de diferentes faixas etárias e histórias de vida marcadas pela necessidade de interromper seu processo de escolarização. Ainda em 2023, conforme levantamento da Pesquisa Nacional por Amostra de Domicílios (PNAD), apenas 30,5% da população com 25 anos ou mais tinha concluído o ensino médio, sendo que 34,5% tinham o ensino fundamental incompleto ou completo.

Gráfico 1 – População de 18 anos e mais de idade que não frequenta escola e sem a educação básica concluída (Brasil, 2023)

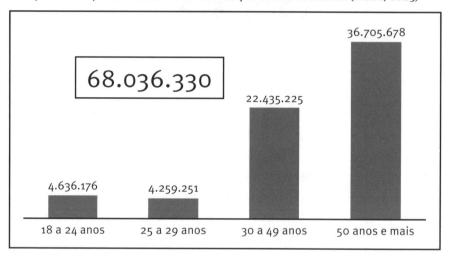

Fonte: Inep, Censo Escolar 2023.

Gráfico 2 – Nível de instrução dos brasileiros com 25 anos ou mais (Brasil, 2022)

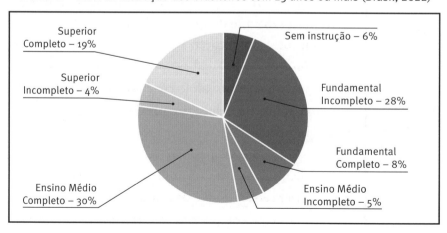

Fonte: IBGE, Pesquisa Nacional por Amostra de Domicílios, 2023.

A EDUCAÇÃO AO LONGO DA VIDA

Em 1997, ocorreu a V Conferência Internacional de Educação de Adultos (Confintea), promovida pela Unesco, em Hamburgo. Nessa Conferência, que teve a participação de chefes de Estado e ministros de todos os países-membros da Organização das Nações Unidas (ONU), firmou-se o conceito de aprendizagem ao longo da vida. Os pressupostos dessa Conferência tiveram como base o Relatório Delors, publicação lançada pela Unesco em 1996, o qual sustentava que os pilares da educação no século XXI seriam o aprender a conhecer, aprender a fazer, aprender a viver em comum e aprender a ser. Tratava-se de um novo contexto europeu, no qual se colocava como demanda o combate ao desemprego estrutural e à exclusão social em meio à globalização e à crise do Estado de Bem-Estar Social. Nesse sentido, era imperativo que se abandonassem as referências tradicionais de uma educação escolar como garantia de um emprego duradouro. Os indivíduos deveriam aprender ao longo da vida para conviver com uma sociedade em rápida e constante transformação.

O passo mais importante, no que se refere à educação de adultos, foi deixar de ver a educação como apenas uma sequência de etapas de aprendizagem para vê-la como possibilidade de aprender a qualquer tempo por diferentes caminhos, tanto no âmbito da educação formal quanto não formal e até mesmo de modo informal, com base nas experiências e trajetórias de cada indivíduo.

O Relatório Delors, que embasou o conceito de educação ao longo da vida, pode ser visto como uma retomada da visão humanista da educação, na qual se defende o direito do indivíduo à educação a qualquer tempo, evocando, assim, suas múltiplas dimensões (ser, conhecer, fazer, viver). Isso, contudo, combinado com a necessidade de uma nova adequação da educação e dos sujeitos ao mundo do trabalho em transformação face ao acelerado desenvolvimento tecnológico.

O documento final da V Confintea declara essa forte intenção humanista no que se refere à educação de jovens e adultos, defendendo o direito universal à alfabetização, à equidade nas relações entre homem e mulher, o direito ao trabalho, a defesa do meio ambiente, a saúde das populações e o fortalecimento da cidadania.

No caso da América Latina, a defesa da equidade tem relação direta com o contexto econômico, estabelecendo a necessidade de adequar as propostas educativas às novas demandas da esfera produtiva. Nos anos 1990, observa-se um forte crescimento econômico em alguns países, processos de redemocratização e um investimento na educação na expectativa de alavancagem da economia em uma sociedade em que grande parte da população não tinha concluído os estudos básicos.

Assim, verificamos que, ao longo das últimas décadas do século XX, em um contexto de muitas transformações econômicas, ocorreu um processo de revisão do conceito de educação de adultos. A educação foi se colocando como parte importante do discurso do desenvolvimento econômico para aqueles que viam a necessidade de ampliar e renovar a qualificação da mão de obra para vencer os desafios que a nova sociedade tecnológica exigia. Instituições como a Comissão Econômica para a América Latina e o Caribe (Cepal) e o Banco Mundial consideraram que a educação deveria ocupar lugar estratégico para que a economia globalizada pudesse prosperar.

Em outro âmbito, mas não de maneira dissociada, instituições na qual circulavam discursos de caráter humanista, como a Unesco, reafirmavam, nas conferências de educação de adultos, o direito à educação e o direito à participação política.

Nas décadas seguintes, o conceito de educação ao longo da vida foi incorporado pelas políticas públicas de educação de países de vários continentes. No caso do Brasil, contribuiu para que se superasse o conceito de suplência, ou seja, de que a educação de adultos era destinada àqueles que precisavam suprir a falta da educação que não completaram, ou seja, a ideia de que se está fazendo algo que não foi feito, de atraso. Daí se criaram os cursos e exames supletivos (Lei de Diretrizes e Bases 5692/1971), destinados à conclusão da educação básica de jovens e adultos a partir de 18 anos. A mudança do termo "supletivo" para educação de jovens e adultos (EJA) contém a ideia de que a educação é um direito do cidadão em qualquer período da vida, sem que tenha o caráter de suplência, e sim de ampliação, garantia e reparação de um direito não atendido.

Nesse sentido, verificamos uma mudança de concepção que tem também um sentido prático, pois o retorno à escola deixa de ser uma tentativa de repor o atraso para ser um direito a ser realizado a qualquer tempo. Tal concepção permite que gestores e educadores possam valorizar a continuidade do aprender apesar das dificuldades dos estudantes jovens e adultos em frequentar a instituição.

Por outro lado, ainda são limitadas as experiências no Brasil em que propostas de educação ao longo da vida se libertem dos modelos formais da educação para crianças e adolescentes. Em muitos casos, a EJA é ainda curricularmente organizada como um curso apressado ou encurtado da educação regular. Esse, certamente, é o maior dos equívocos para que a modalidade possa, de fato, realizar o direito à educação de jovens e adultos dos estratos mais pobres da população brasileira, vítimas da grande desigualdade social do país.

POR QUE A EJA É UMA MODALIDADE COMPLEXA?

Ao constituir a EJA como um curso "resumido", "apressado", "acelerado" ou "encurtado" em relação aos cursos oferecidos para crianças e adolescentes na chamada idade própria, muitas secretarias de educação do país acabam por organizar propostas curriculares que são apenas a simplificação ou esfacelamento ou ainda esquartejamento da proposta curricular elaborada para os cursos de crianças e adolescentes.

Tais propostas não levam em conta o fato de que ensinar jovens e adultos não é o mesmo que ensinar crianças e adolescentes. Que os caminhos da aprendizagem são diferentes porque os sujeitos são outros. Por isso, não basta criar um currículo resumido, que em si já é um equívoco, pois quais são os fundamentos que explicam por que para jovens e adultos aquele currículo pode ser resumido? Por que estes podem ter um currículo muito mais enxuto? Afinal, as universidades, por exemplo, não vão cobrar as mesmas aprendizagens para que o candidato nelas ingresse? Por que o jovem e o adulto não precisam dos mesmos conhecimentos disciplinares que crianças e adolescentes? Nada disso é suficientemente explicado nos documentos oficiais que estabeleceram ao longo do século XX um modelo de educação de jovens e adultos em que parece possível para este grupo que se tenha uma mesma proposta curricular exprimida em um tempo muito menor. Como se a única variável a ser considerada fosse o tempo.

Certamente, jovens e adultos não precisam dos mesmos caminhos de aprendizagem que crianças e adolescentes, mas a questão não é quantitativa.

Os sujeitos da EJA

O primeiro aspecto que precisa ser considerado são os sujeitos da EJA. A maioria dos estudantes dessa modalidade são as pessoas em maior condição de exclusão social. Conforme a PNAD 2023, considerando a população de 15 a 39 anos, 75% dos analfabetos dessa faixa etária viviam com renda inferior a meio salário-mínimo até no máximo um salário-mínimo.

Escolaridade e renda no Brasil (2019)

Estudo realizado por Otaviano Helene mostra que no Brasil "pessoas com 4 anos ou menos de escolaridade recebem, em média, um salário-mínimo ou menos. Uma renda individual tipicamente superior a um salário-mínimo por mês é uma característica de pessoas com pelo menos o ensino fundamental completo. A renda de uma pessoa cresce na medida em que cresce a escolaridade, chegando a uma média da ordem de cinco vezes o salário-mínimo no grupo formado por aqueles com 16 anos ou mais de escolaridade, vale dizer, com ensino superior completo".

HELENE, Otaviano. Desigualdade educacional e desigualdade de renda, DMT em debate, 6 ago. 2021. Disponível em: https://www.dmtemdebate.com.br/desigualdade-educacional-e-desigualda-de-de-renda/. Acesso em: 15 abr. 2024.

Um levantamento realizado pela rede estadual de ensino de Minas Gerais em 2020 mostrou que 55% dos estudantes tinham renda familiar mensal de até 1 salário-mínimo e 43% estavam desempregados, ou seja, tais dados confirmam que os estudantes da EJA têm como uma primeira característica serem de baixa renda e viverem em um contexto de forte exclusão social.

Neste sentido, são estudantes socialmente mais vulneráveis e com mais dificuldade de permanecer na escola pelas dificuldades socioeconômicas que vivem. É frequente estudantes da EJA ficarem sem moradia ou não conseguirem manter um local com as mínimas condições para assegurar uma vida digna. Muitos não conseguem também ter suficiente atenção à sua saúde, pois faltam recursos para sua manutenção levando em conta as condições de vida que têm. Um exemplo bastante comum são estudantes que nunca foram a um oftalmologista, tendo acentuados problemas de visão. Alguns até conseguiram ir a um oftalmologista de um programa público, mas não têm recursos suficientes para adquirir os óculos.

Além disso, o elevado número de desempregados demandantes da EJA cria ainda mais dificuldades para que procurem ou se mantenham em uma escola, pois a necessidade de conseguir algum dinheiro para sobreviver coloca-se como um imperativo, além de muitas vezes enfrentarem situação de fome, falta de moradia e falta de dinheiro para o transporte.

Essas condições de vida explicam, em parte, a difícil permanência daqueles que se matriculam em uma escola de EJA. Afinal, é muito difícil continuar os estudos sem as condições sociais mínimas que lhes permitam sentar-se em uma sala de aula, geralmente no período noturno, e conseguir construir um processo de aprendizagem quando faltam tantas coisas para si e para os que vivem com ele.

Para além da questão econômica e social dos demandantes da modalidade, temos que considerar que a EJA é o território da diversidade, ou seja, são diferentes sujeitos, vindos de diferentes experiências de vida e histórias culturais.

Um dos aspectos mais evidentes dessa diversidade é o etário. A idade mínima para os estudantes ingressarem na EJA é de 15 anos no ensino fundamental e 18 anos no ensino médio conforme indicam as Diretrizes Operacionais da EJA, estabelecidas pelo Conselho Nacional de Educação (CNE) desde 2010. Não há um limite de idade estabelecido, portanto, podemos ter estudantes a partir dos 15 anos, sendo possível ainda encontrar algumas eventuais pessoas na faixa dos 80 anos ou mais em uma sala de EJA.

Para dar um exemplo, o quadro a seguir mostra o número de estudantes por idade em duas salas de EJA, uma das séries iniciais do ensino fundamental e outra do ensino médio, ambas de uma escola de São Paulo. Consta nos prontuários de matrícula:

Idade	Séries iniciais do ensino fundamental	Ensino médio
19	1	1
20	1	
21		3
23		2
24		1
25		1
27		1
31		2
32		1
33		1
36		1
37	1	4
38		3
40		1
41		2
43	1	1
44	4	
45	1	1
46	1	
47	1	
48	1	
49	1	1

50	1	
51	1	3
52	1	
53	2	
54		1
55	1	1
56	1	
58	1	1
60	1	1
63		1
64	2	
65	1	
67		1
69	1	1

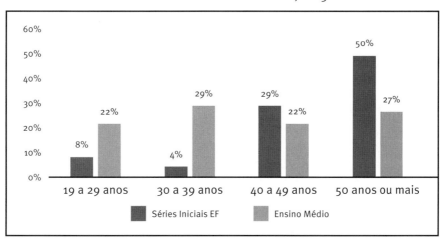

Gráfico 3 – Faixa etária de duas turmas de EJA em escola da cidade de São Paulo, 2023

Analisando os dados dessas duas turmas, verificamos que nas séries iniciais temos estudantes dos 19 anos 69 anos, o mesmo ocorrendo com a turma de ensino médio. Entretanto, evidencia-se que os estudantes do ensino médio são mais jovens, pois enquanto metade da turma das séries iniciais tem 50 anos ou mais, somente 27% da turma de ensino médio está nesta faixa etária. Nesta turma, 29% tinham entre 30 e 39 anos, o que só ocorria com 4% dos estudantes da turma das séries iniciais do ensino fundamental. O Censo Escolar de 2023 indicou que a média de idade para as séries iniciais do ensino fundamental na EJA é de 48 anos, caindo para 26 nas séries finais do ensino fundamental e 23 anos no ensino médio. Como ensinar para um senhor de 69 anos e ao mesmo tempo para uma jovem de 19 anos com experiências de vida e culturais absolutamente distintas?

O exemplo anterior, extraído do diário de turma de duas classes de EJA, nos faz refletir sobre como trabalhar com turmas tão heterogêneas. Que estratégias didáticas devem propor os educadores? Que riquezas pode haver em um grupo tão heterogêneo? Que dificuldades podem surgir?

Também é preciso considerar as questões relativas à diversidade de gênero, uma vez que há uma grande presença de homens jovens que retornam à escola e buscam melhores oportunidades no mundo do trabalho e também de mulheres com 40 anos ou mais, que foram mães bastante jovens, e retornam à escola somente quando seus filhos já estão crescidos. Muitas vezes, estimuladas pelos próprios filhos que tiveram a oportunidade de avançar nos estudos.

Para além disso, temos na EJA o retorno de um público LGBTQIA+ que foi excluído da escola pela sua orientação sexual ou identidade de gênero. Frequentemente, ao retornar, essas pessoas explicam que deixaram de estudar por preconceito de educadores, gestores e colegas. Há os casos também em que a própria família expulsou o filho de casa, passando este a viver em uma condição muito marginal que impede a retomada da escola.

No campo das questões de gênero é preciso ainda considerar as demandantes da EJA que não puderam estudar por uma interdição do marido, fato infelizmente presente em uma sociedade em que o machismo tem um caráter estrutural. Essas mulheres muitas vezes não conseguem enfrentar essa proibição, sendo ameaçadas ou mesmo sofrendo atos de violência por parte do parceiro. Somente conseguem voltar à escola quando se libertam da relação asfixiante e violenta.

Depoimentos anônimos de estudantes da EJA de São Paulo (2015)

> Então o motivo da qual quis estudar foi porque sempre quis isso na minha vida mais meu pai meu tirou esse direito Então meu filho também preciza tanto de mim e eu Quase não quido porque não sei e também sonho em fazer uma boa faculdade eu tenho que Realizar esse sonho eu fico muito triste Quando vejo amigos passados E eu não e outra coisa adoro comprar livros mais praque se as vezes leio E não entendo então eu vou conseguir um dia me forma porque é meu sonho.

> Bem em primeiro lugar, para mim é um sonho poder Voltar a estudar, depois de tantos anos parei em 1982 por preconceito fui convidada a me retirar da escola, porque fui de sapato feminino, mas como nunca é tarde para um recomeço aqui estou eu novamente cheia de vontade e determinada a concluir meu sonho e dedico tudo isso a minha mãe maria, e minha irmã

A questão racial também é crucial para compreender os sujeitos da EJA. Conforme o Censo Escolar de 2022, 49% dos estudantes da EJA eram negros (pretos e pardos), sendo que na escola chamada regular eles eram 39%. É preciso considerar, entretanto, que a raça de 33%

dos estudantes da EJA não foi declarada, sendo que grande parte desses podem ser negros. Apesar disso, já se evidencia aqui sua maior presença. Na região Nordeste, esse percentual atinge 59%.

Esses números não parecem expressar suficientemente a desigualdade educacional brasileira no que se refere à raça. Na cidade de São Paulo, por exemplo, em 2010, o analfabetismo atingia 3,2% da população branca e 6,5% da população negra, ou seja, havia o dobro de negros analfabetos. No Brasil como um todo, a discrepância é ainda maior, pois a taxa de analfabetismo entre os negros era de 9,1% em 2018 e entre os brancos de 3,9%, mais que o dobro. Sabemos também que em 2015, por exemplo, enquanto os brancos tinham em média 9 anos de estudo, a população negra tinha apenas 7,4. Em 2018, foi possível constatar ainda que na população de jovens de 18 a 24 anos, o percentual de brancos que frequentava ou já havia concluído o ensino superior era de 36,1%, ao passo que entre jovens pretos ou pardos era de 18,3%.

Com isso, podemos afirmar que a população negra é uma grande demandante da EJA. Em muitos lugares, ao entrar em uma escola de EJA, podemos rapidamente verificar que ela tem cor, e ela é negra. Trata-se da população que vem sistematicamente sendo excluída do sistema escolar. Ainda que existam alguns avanços na escolaridade da população negra nas últimas décadas, como vimos, os dados mostram que ainda há um grande contingente da população negra que se mantém analfabeta ou não consegue concluir a educação básica.

Cabe mais uma vez perguntar que currículo devemos propor para uma modalidade em que a maioria de seus estudantes são vítimas do racismo estrutural vigente em uma sociedade organizada para a manutenção de privilégios na sociedade brasileira. A EJA precisa ser também uma força desenraizadora desse racismo, por meio da valorização das culturas afro-brasileiras e da história da resistência à violência das opressões no passado e no presente, restabelecendo o sentido da dignidade humana. Enfim, a escola precisa ser um espaço de discussão e superação do racismo.

> ## A EJA e o enfrentamento das discriminações
>
> A escola não deve ser apenas um espaço de reprodução de práticas vigentes, mas também de criação de novos aprendizados, novas convivências, novos conhecimentos e valores. Deste modo, por mais que muitos dos valores sociais sejam reproduzidos na escola, cabe a este espaço, em contrapartida, também questioná-los. Falar em levar para a escola o tema da diversidade e do enfrentamento às discriminações, sejam elas de gênero, raça, sexualidade, religião ou classe, é assumir esse compromisso inovador da escola: é nela que novos valores podem ser criados.
>
> ESCOURA, Michele. Relações de gênero na perspectiva do currículo da EJA. In: CATELLI, Roberto (org.). *Formação e práticas na EJA*. São Paulo: Ação Educativa, 2017.

Outro sujeito cada vez mais presente na EJA é o migrante estrangeiro ou refugiado. Temos atualmente nas escolas dessa modalidade em todo país grupos de colombianos, bolivianos, peruanos, haitianos, venezuelanos, sírios, afegãos, enfim, pessoas de todo mundo de diferentes idades que recorrem ao Brasil em busca de condições de vida mais dignas, uma vez que em seus países existem graves conflitos militares ou grande desigualdade social.

Nesses casos, além das diferenças culturais e das dificuldades econômicas da maior parte dos migrantes, há ainda a grande necessidade de aprender uma nova língua e também validar seus documentos escolares no Brasil para que possa continuar seus estudos e buscar emprego. Pessoas que já ingressaram nos Centros Integrais de Educação de Adultos (Cieja) de São Paulo ou concluíram o curso superior em seus países procuram a EJA como forma de aprender a língua portuguesa e obter um certificado brasileiro da educação básica. Os Cieja criaram um programa especial, chamado Portas Abertas, para esses migrantes, por meio do qual recebem material didático e participam de programa de aprendizagem específico para estrangeiros, quaisquer que sejam sua situação legal e documentação no país.

Por último, é preciso ainda mencionar as pessoas com deficiência como demandantes da EJA. O processo de inclusão desse público nas escolas ainda ocorre de maneira incipiente, havendo muitos casos de abandono por falta de atenção pedagógica própria e adequada a esses estudantes. Com isso, muitos deles buscam retomar os estudos na EJA.

Cabe aqui uma complexa discussão do sentido da própria palavra *inclusão*, pois, afinal, o que seria um estudante de inclusão na EJA? Quais seriam os casos em que os estudantes devem ser considerados de inclusão? Em 1994 foi elaborada a Declaração de Salamanca, que define princípios, políticas e práticas na área das necessidades educativas especiais. O documento foi elaborado na cidade de Salamanca, na Espanha, com o apoio da Unesco e ratificado por 92 governos e 25 organizações internacionais. A Declaração considera que "escolas inclusivas devem reconhecer e responder às necessidades diversas de seus alunos, acomodando ambos os estilos e ritmos de aprendizagem e assegurando uma educação de qualidade a todos através de um currículo apropriado, arranjos organizacionais, estratégias de ensino, uso de recurso e parceria com as comunidades". De alguma forma, podemos com isso ampliar o conceito de inclusão, uma vez que não se trata somente das pessoas que foram diagnosticadas com algum tipo de deficiência, mas de todos aqueles que têm necessidades educativas especiais, que precisam ter ritmos de aprendizagem respeitados e de uma formulação de propostas adequadas. Esse pode ser o caso de muitos estudantes da EJA por diferentes razões que não estão ligadas apenas a questões de saúde, pois os próprios percursos educativos e de vida desses estudantes podem indicar a necessidade de se pensar estratégias e currículos adequados ao seu ritmo de aprendizagem.

Considerando toda essa diversidade presente na EJA, só podemos concluir que se trata mesmo de uma modalidade complexa, que precisa colocar a criatividade e a formação de profissionais a serviço da construção de propostas curriculares que considerem a diversidade como elemento fundante do trabalho educativo. É necessário também reconhecer as diferentes demandas dos sujeitos no que se refere à aprendizagem e às expectativas de futuro, pois é necessário compreender quais os objetivos desses estudantes ao retornarem à escola, que podem ser também muito variados e relacionados desde a inserção do mundo do trabalho, à maior inserção nas práticas sociais ou ainda somente pelo desejo pessoal de continuar estudando. Mais ainda será necessário que sejam criados instrumentos para fortalecer a permanência desse estudante na escola em um contexto quase sempre desfavorável à continuidade dos estudos.

Um caminho para isso é construir estratégias de acolhimento dos estudantes, que é um aspecto central de uma proposta para a educação de jovens e adultos. Entende-se por acolhimento a ampliação da capacidade de escuta, do diálogo sobre as situações de vida, promover momentos para que a escola se torne um ambiente em que se deseja estar e retornar, além de promover a socialização e interação entre os colegas.

O FINANCIAMENTO DE UMA MODALIDADE COMPLEXA

É inevitável fazer referência às questões econômicas relativas às necessidades de uma modalidade complexa como a EJA. Historicamente, a EJA é tratada pelas políticas públicas como um projeto marginal, que recebe os menores recursos e, na grande maioria das vezes, ocupa espaços escolares que se destinam a crianças e adolescentes sem qualquer adaptação ou preocupação em adequá-lo a esses sujeitos. Entre educadores, muitas vezes se diz que a EJA é a inquilina da escola, ou seja, ocupa um espaço emprestado que não lhe pertence como identidade. É como se fosse uma modalidade de menor custo, que pode manter cursos mais rápidos sem a preocupação com investimentos específicos. Os educadores, em grande parte das redes municipais e estaduais, também não recebem formação pedagógica própria, ficando a cargo de cada um reinventar-se para trabalhar na modalidade. O mais comum é que os educadores, sem o devido apoio, acabem por reproduzir programas inadequados, feitos para crianças e adolescentes.

Para além disso, são mantidos programas padronizados, com atendimento homogêneo em horários limitados e carreiras docentes que não preveem mais do que o tempo do professor em sala de aula.

Escolas de EJA precisam ter infraestrutura adequada, com instalações próprias que possam atender em diferentes horários, professores capacitados e condições para propor inovações pedagógicas sempre que necessário levando em consideração o diagnóstico de cada grupo de estudantes.

Deve-se mencionar ainda a necessidade de ser uma escola que atenda as pessoas mais pobres da sociedade e, portanto, precisa também criar condições para que este estudante consiga receber apoio em temas não escolares para fortalecer sua permanência na escola. São as chamadas políticas intersetoriais que podem garantir: atendimento médico, oftalmológico e psicológico, transporte, alimentação e, eventualmente, espaço e educador para cuidar de filhos dos estudantes, especialmente no caso das mulheres.

Entretanto, quando examinamos os indicadores relativos às despesas com a EJA fica evidente que não é possível realizar um atendimento qualificado sob tais bases. É difícil até mesmo estimar os valores gastos com a EJA no Brasil e também em outros países da América Latina. Não existe a obrigação dos governos locais e estaduais em discriminar os gastos com a modalidade EJA em relação às despesas da educação básica como um todo. Assim, embora exista um sistema público de informação das despesas (Siope) que pode ser consultado, não conseguimos saber em muitos casos se as despesas lá registradas são fidedignas e ocorreram com a EJA ou não.

Dados referentes ao período 2012 a 2022 pelo estudo *Em busca de saídas para a crise das políticas de EJA* mostram um forte declínio no investimento federal na EJA no Brasil com base nos dados disponíveis. A previsão de gastos caiu de cerca de 1,5 bilhão em 2012 para cerca de 39 milhões em 2022, ou seja, uma queda de 97%.

Em 2019, estimava-se um gasto potencial mínimo na educação básica de 277 bilhões, conforme estudo do professor José Marcelino da Silva, da Universidade de São Paulo. No entanto, apenas 7,5% deste valor teria o potencial de ser gasto com a EJA. O problema é que, além de já ser um baixo recurso, o gestor não necessariamente vai investir na EJA, podendo ser distribuídos os recursos do Fundeb para outras modalidades da educação básica que, em geral, recebem maior atenção dos meios de comunicação e maior controle social. Silva estima que tais recursos representariam somente um investimento de 0,28% do Produto Interno Bruto (PIB) na modalidade.

Marcelino destaca ainda que o Fundeb permitiu que algumas desigualdades educacionais no país fossem combatidas, entretanto, o valor investido por aluno ainda é excessivamente baixo, especialmente na EJA. Em 10 estados não superava os R$ 400 mensais por aluno, valor muito inferior ao de qualquer escola privada que se considera com um mínimo de qualidade.

O Fundo de Manutenção e Desenvolvimento da Educação Básica e de Valorização dos Profissionais da Educação (Fundeb) é regulamentado pela Lei nº 14.113, de 25 de dezembro de 2020. Essa lei substitui a que esteve vigente entre 2007 e 2020. Trata-se de um fundo de financiamento da educação básica que promove a redistribuição dos recursos vinculados à educação buscando reduzir as desigualdades entre as diferentes regiões do país. Vincula-se um valor mínimo por aluno a ser gasto anualmente conforme as matrículas das escolas e este recurso destina-se ao ente federativo. Um valor-aluno é estabelecido para o ano seguinte conforme são apurados os recursos que estarão disponíveis para o fundo. Em dezembro de 2022 definiu-se que o valor-aluno seria de R$ 5.664,21, mas no caso da EJA ele é menor, representando 80% disso, ou seja, R$ 4.531,37 ano por aluno.

Nesse sentido, é necessário conceituar a EJA como uma modalidade complexa e denunciar o histórico descaso que pode ser também explicado por uma dimensão de classe, ou seja, nas formas de dominação e concentração de riquezas constituídas no Brasil que reservaram às classes populares o direito ao trabalho de baixa qualificação e remuneração, sendo o direito à educação uma miragem distante. Para as classes médias e elites que controlam historicamente o país, reserva-se o alto gasto com a educação e os melhores salários.

Por isso, há no Brasil uma dívida histórica no campo da educação que mantém 68 milhões (Censo Escolar 2023) de brasileiros sem o ensino fundamental ou médio completo e com baixíssima esperança de chegar a uma universidade de qualidade. Para saldar essa dívida não basta criar cursos rápidos, baratos ou limitar a oferta a exames de certificação. Será necessário realizar tudo o que uma modalidade complexa como a EJA exige para restituir o direito à educação como possibilidade real desses sujeitos realizarem projetos que os tirem da condição de vítimas históricas da desigualdade social brasileira.

Sugestões de leitura

REZENDE, José Marcelino de. As esperanças perdidas da educação de jovens e adultos com o Fundeb. *Fineduca – Revista de Financiamento da Educação*, v. 11, n. 14, 2021.
> Importante estudo que analisa as questões relativas ao financiamento da EJA e avalia o impacto do Fundeb para a EJA.

EM BUSCA DE SAÍDAS PARA A CRISE DAS POLÍTICAS PÚBLICAS DE EJA
> Documento construído pelas ONGs Ação Educativa, Cenpec e Instituto Paulo Freire. Traça um panorama das políticas públicas de EJA no Brasil nas décadas de 2010-2020 e um conjunto de proposições para alavancar a modalidade.

CATELLI, Roberto (org.). *Formação e práticas na EJA*. São Paulo: Ação Educativa, 2017.
> Coletânea de textos sobre a EJA com foco na construção de propostas escolares para a modalidade, levando em conta as várias áreas do conhecimento, as experiências da educação popular e o significado dos direitos humanos na construção de propostas para EJA.

A EJA como espelho da história da desigualdade social brasileira

A pesar da maioria das crianças terem ingressado no ensino fundamental a partir dos anos 1990 e de as mais jovens terem chegado ao ensino médio, permanece o desafio com relação ao processo de conclusão da educação básica no Brasil. Conforme já foi indicado no capítulo anterior, em 2019, 38,6% dos brasileiros não tinham nenhuma instrução ou não haviam completado o ensino fundamental. Apenas 27,4% possuíam o ensino médio completo.

Nos anos 2000, já se verificava uma rede de escolas públicas no âmbito estadual e municipal que oferecia vagas para a modalidade de educação de jovens e adultos, conforme a legislação nacional vigente. Entretanto, a partir da segunda metade dos anos 2000 começou uma grande queda nas matrículas, tornando-se importante indagar os motivos pelos quais esse fenômeno ocorria no momento em que se aprovavam maiores recursos para a modalidade por meio do Fundo de Desenvolvimento e Manutenção da Educação Básica e de Valorização dos Profissionais da Educação (Fundeb) a partir de 2007.

No que se refere especificamente à alfabetização de jovens e adultos, o Brasil desenvolveu diversos programas desde os anos 1970 com o propósito de erradicar o analfabetismo. No nível federal, dentre os principais programas, tivemos o Movimento Brasileiro de Alfabetização – Mobral (1970-1985) –, o Programa Alfabetização Solidária (1997-2002) e o Programa Brasil Alfabetizado, que se iniciou em 2003 e se manteve em funcionamento até 2016. Todos os programas tiveram metas ousadas e resultados muito abaixo do esperado. Conforme o Censo, em 1980, o Brasil tinha 18,8% de analfabetos com 15 anos ou mais, 18,6% em 1991, 16,3% em 2000, 13,9% em 2010 e 7% em 2022. Os programas apresentam dificuldades em reduzir significativamente os índices de analfabetismo, uma vez que, frequentemente, têm a intenção de valorizar ganhos políticos imediatos que podem obter sem fazer políticas de Estado mais consistentes, que se preocupem em avaliar os resultados para redefinir estratégias e criar metodologias mais eficientes, levando em conta a complexidade e as dificuldades específicas do público atendido.

Vale salientar ainda que, como ocorreu em outros países da América Latina, a redução do analfabetismo tem ocorrido, em grande parte, devido ao ingresso de mais crianças no sistema escolar, e não ao esforço dos programas de alfabetização para jovens e adultos. Em 2000, por exemplo, a taxa de analfabetismo entre os mais jovens caiu de 12% para 5%, enquanto entre a população com 65 anos ou mais caiu de 48% para 38%. Em termos relativos, houve uma queda maior entre os mais jovens, mostrando que se ampliou a escolarização, não havendo impacto tão significativo dos programas de alfabetização para EJA.

Além de cursos presenciais como caminho para a certificação da educação básica de jovens e adultos, desde 1930 há exames de caráter nacional de certificação. Nos anos 1930, ficaram conhecidos como exames de madureza e nos anos 1970 foram denominados de exames supletivos. Estes últimos poderiam fornecer habilitação para que se desse prosseguimento aos estudos ou habilitação em nível profissional de nível médio. Em 1996, com a criação da nova Lei de Diretrizes e Bases da Educação (LDB), os sistemas de ensino foram obrigados a oferecer gratuitamente exames como caminho para a certificação para jovens e adultos (art. 37). Com isso, as secretarias estaduais de todo o país organizavam um calendário de exames sem que houvesse uma normativa comum em nível nacional no que se refere ao processo de formulação das provas. A Lei apenas estabelecia que o exame do ensino fundamental se aplicava para os maiores de 15 anos e o exame de ensino médio, para os maiores de 18 anos.

Entretanto, verifica-se que esse conjunto de iniciativas estabelecidas ao longo dos anos tem se mostrado ineficiente para garantir o direito à educação de todos os brasileiros. Mas por que isso ocorre? O que tem levado as políticas de alfabetização e educação de jovens e adultos a fracassarem ou serem absolutamente insuficientes?

UMA BREVE HISTÓRIA DAS POLÍTICAS PARA A EDUCAÇÃO DE JOVENS E ADULTOS

Em 1872 foi realizado o primeiro censo brasileiro. Foram contabilizados 9,9 milhões de brasileiros, dos quais 82% eram analfabetos e 15% da população era reconhecida oficialmente como escravizada. Este era o resultado de uma tragédia social constituída ao longo de séculos, no qual o regime escravista era a mola da economia e de toda estrutura de poder, com suas complexas estratégias de submissão de grande parte da população escravizada.

Poucos anos depois, em 1888, com a publicação da Lei Áurea, o país chegou ao fim da escravidão legal em um contexto em que vários grupos lutavam contra a persistência da escravidão no país. No ano seguinte, caiu a Monarquia, que já não parecia mais necessária para o país então dominado por cafeicultores que defendiam uma República federativa com autonomia para que os estados pudessem conduzir os rumos políticos e econômicos conforme suas necessidades. Dessa forma, os cafeicultores paulistas preocupados com a aquisição de mão de obra para a crescente produção de café poderiam, por exemplo, destinar recursos públicos para realizar a imigração de trabalhadores europeus após a abolição da escravatura sem se preocupar em pedir aprovação ao governo federal.

Mas como essas importantes mudanças – fim da legalidade da escravidão e a proclamação da República – impactariam a vida social do país? Este parecia o momento de uma grande virada histórica em que finalmente os cidadãos poderiam ter voz e direitos em uma República que deveria garantir espaço para a participação popular. Mas não ocorreu assim. A chamada Primeira República nada mais foi do que um arranjo entre militares e elite cafeicultora para fazer com que as riquezas nacionais fluíssem para o mesmo rio que sempre fluiu. Os libertos continuaram sem ter para onde ir, sem apoio do Estado e dependendo da sua própria sorte. Os cidadãos eleitores eram manipulados para que os coronéis pudessem continuar a reinar nas localidades, enquanto os grandes cafeicultores e a elite agrária se mantinham nos cargos centrais do governo federal.

A Revolução de 1930, com Vargas no poder, trouxe a promessa de que a elite agrária seria rebaixada e o país entraria na modernidade por meio da industrialização e da defesa do nacionalismo. Foram anos de derrocada do pouco que se conquistou em termos de participação política no período republicano, pois em 1937, às vésperas da Segunda Guerra Mundial, em um momento em que se flertava como o nazifascismo, veio um golpe de Estado que estabeleceu o poder ditatorial de Vargas, o Estado Novo..

Em 1940 houve novo Censo demográfico e a situação da educação no Brasil continuava aterrorizante: o país contava agora com 41,2 milhões de habitantes, sendo que 51% declaravam que não sabiam ler e escrever. Quanto aos pretos e pardos, 65% declaravam não saber ler e escrever.

Depois de um breve tempo de democracia republicana entre 1946 e 1964, período da chamada democracia populista, tivemos mais um golpe de Estado sob a liderança de militares com o apoio de civis. Com forte apoio dos Estados Unidos, os militares prometiam salvar o Brasil do comunismo no contexto da Guerra Fria, pregavam o acelerado desenvolvimento econômico e o controle dos movimentos sociais que cresciam e reivindicavam direitos historicamente negados no campo e na cidade, tal como ocorria com a educação. Muitos jovens engajados na luta política viam a educação como um caminho para a emancipação. Foi nesse contexto que Paulo Freire ganhou expressão ao alfabetizar 300 trabalhadores rurais em Angicos, no Rio Grande do Norte. Com o sucesso dessa experiência, foi criada a Comissão Nacional de Cultura Popular, com Paulo Freire como coordenador. Tratava-se de um pedagogo que defendia a construção de um Brasil democrático tendo a educação como um de seus principais elementos transformadores.

A experiência de Angicos utilizava o método propagado por Paulo Freire, que tinha como base as vivências culturais dos alfabetizandos. A proposta era realizar um processo de alfabetização em 40 horas de trabalho com os educandos. Para isso, um grupo de estudantes universitários realizou um levantamento vocabular dos habitantes de Angicos. Com base nisso, foram organizados os *círculos de cultura*, nos quais funcionariam os grupos de alfabetização. Foram criados também temas geradores, levando em conta o significado destes para a população envolvida no processo de alfabetização. As palavras destacadas no levantamento vocabular realizado eram: voto, povo, salina, feira, milho, goleiro, cozinha e tigela. Com base nessas palavras foram preparados materiais didáticos com fichas de leitura que seriam trabalhadas com os alfabetizandos. Os momentos de aula se desenvolviam a partir de situações-problema, nas quais eram estimulados o debate crítico e o posicionamento dos estudantes. Nessa perspectiva freiriana, constituía-se um processo no qual se realizava a leitura da palavra, reconheciam-se os fonemas e as sílabas ao mesmo tempo em que se estabeleciam as relações com a sociedade e o universo de vida dos educandos.

Paulo Freire ao fundo, à direita, com um grupo de alfabetizandos em Angicos, 1963.

Destruído o projeto democrático pelo governo militar, chegamos em 1970 com 33,6% da população brasileira analfabeta. Paulo Freire e muitos outros defensores de um projeto democrático de país tiveram de exilar-se no exterior ou foram presos.

Para além do elevado percentual de analfabetos, 39% dos brasileiros tinham 4 anos ou menos de estudos. Ainda conforme o Censo de 1970, somente 5,1% das mulheres e 4,3% dos homens conseguiam concluir o ensino médio.

> **Definição internacional de alfabetizado que consta do relatório do Censo Demográfico de 1970**
>
> "Foram consideradas como alfabetizadas as pessoas capazes de ler e escrever um bilhete simples em um idioma qualquer; as que assinassem apenas o próprio nome foram consideradas analfabetas."

Em 1985 encerrou-se no Brasil o período de 21 anos de ditadura militar. Os novos tempos democráticos tinham como um de seus desafios vencer as dificuldades econômicas que o país vivia em uma década de baixo crescimento da economia, de alta da inflação e de grande desigualdade social. Havia também o desafio de restabelecer as instituições democráticas após duas décadas de permanência de uma estrutura autoritária de poder.

Uma nova Constituição foi aprovada em 1988, sendo considerada um importante avanço para a garantia dos direitos dos cidadãos. Entretanto, não atendeu a muitas das aspirações dos movimentos sociais de esquerda, que desejavam que a Constituição desse um passo a mais para reduzir as desigualdades econômicas e para eliminar privilégios concedidos a grupos específicos. No campo econômico, na década de 1990 havia os desafios de dinamizar a economia, superar a extrema pobreza que, conforme o Cepal, atingia 23,4% da população e reequilibrar as contas públicas, visto que a dívida pública total chegou a 78% do PIB em 1999.

Nos anos 1990, o Brasil passou por reformas educacionais que tiveram como ponto de partida o que foi definido na Constituição de 1988. Esta aprofundou a descentralização administrativa, imprimindo um processo de municipalização, no qual os municípios se tornaram ente federativo, ou seja, passaram a ser agentes diretos das políticas públicas, tal qual os governos estaduais e o governo federal. A maior dificuldade, no entanto, era a desigualdade econômica entre os entes federativos e os próprios municípios. O processo de municipalização tinha como foco o processo de desoneração da União, induzindo os governos subnacionais a investirem prioritariamente no ensino fundamental, conferindo maior focalização, eficácia e eficiência ao gasto público em educação.

A ampliação das matrículas no ensino fundamental efetivou-se nos anos 1990, chegando próximo da universalização do acesso das crianças ao ensino fundamental. Em 2000, conforme o Censo, 95% das crianças de 7 a 9 anos frequentavam a escola, e entre as crianças e os adolescentes de 10 a 14 anos esse número era de 93%.

ASCENSÃO E QUEDA DA EJA (2003-2022)

A partir de 2003, pela primeira vez o Brasil teria um governo liderado por um partido de esquerda, tendo como presidente Luiz Inácio Lula da Silva, uma importante liderança metalúrgica dos anos 1970 e fundador do Partido dos Trabalhadores.

Nos seus dois governos, entre 2003 e 2010, o país viveu um cenário de redução da pobreza extrema, que passou de 23,9% em 1990 para 5,9% em 2013. O programa social Bolsa Família, que concede um valor mensal para as famílias em condição de extrema pobreza, atendia 11 milhões de brasileiros em 2009. Nesse período, o PIB do país manteve taxas de crescimento mais robustas que nas décadas anteriores, havendo crescimento real dos salários, redução do desemprego e ascensão econômica de um grande número de famílias. Apesar disso, houve discreta mudança da distribuição de renda do país. Em 1990, o quintil mais pobre ficava com 2% da riqueza produzida, enquanto o mais rico, com 66,8%. Em 2013, o quintil mais pobre ficava com 3% da riqueza e o mais rico com 59,9%.

Em 2023, a EJA tinha 2.589.815 estudantes matriculados. Cinco anos antes, em 2018 eram 3.545.988. Somente nestes 4 anos registrou-se uma queda de 27% nas matrículas. Em 2007, 4.975.591 pessoas estavam matriculadas na EJA, ou seja, entre 2007 e 2022 tivemos uma queda de 48% nas matrículas. O que explicaria tamanha queda em um país que possuía cerca de 68 milhões de pessoas com 18 anos ou mais sem ter concluído a educação básica em 2023?

Em 2004 foi registrado o maior número de matrículas na EJA do período: 5.718.061 de estudantes. Mas existem problemas no que se refere ao processo de contagem desses estudantes. A partir de 2007, ocorreram mudanças na metodologia de coleta dos dados do Censo Escolar. Em vez de cada escola informar apenas o número de alunos e professores, passou-se a fornecer informações individualizadas, como nome, data de nascimento, endereço, filiação, RG e CPF de cada estudante, docente e auxiliar de educação infantil. Além disso, para melhorar o controle da qualidade dos dados, a coleta passou a ser realizada através da ferramenta on-line *Sistema*

> *Educacenso* e alterou-se a data de referência das informações declaradas ao Censo Escolar para o "Dia Nacional do Censo Escolar da Educação Básica", a ocorrer na última quarta-feira do mês de maio de cada ano, garantindo que o Censo represente um momento em que as matrículas já estão estabilizadas nas escolas. Essas mudanças provocaram uma queda mais acentuada no número de matrículas em 2007 e em 2010, pois deixaram de ser infladas para obter maiores recursos e também porque as matrículas feitas em duplicidade passaram a ser expurgadas.

O governo eleito em 2003 discursou fortemente em favor da erradicação da fome no país e a favor do combate às desigualdades sociais que se avolumavam. Nesse contexto, foi lançado pelo presidente um amplo programa de combate à fome e à miséria chamado Fome Zero. O investimento na erradicação do analfabetismo era uma das estratégias incluídas na luta pela redução da miséria. A criação do Programa Brasil Alfabetizado previa inicialmente um movimento de mobilização de jovens e da sociedade civil para alfabetizar em pouco tempo a população analfabeta.

Foi também criada a Secretaria de Educação Continuada, Alfabetização, Diversidade (Secad), que deveria desenvolver políticas de alfabetização e ampliação de escolaridade para jovens e adultos. Como já observamos, tais políticas geraram um aumento das matrículas, também viabilizado pela ampliação de recursos para a modalidade EJA.

> A Secretaria de Educação Continuada, Alfabetização, Diversidade (Secad) foi criada em 2004 como secretaria do Ministério da Educação. Tinha como objetivo atuar no campo das diversidades, incluindo-se aí o tema da alfabetização e educação de jovens e adultos. A questão indígena, quilombola e de gênero também estavam presentes na agenda da Secad. Em 2011, passou a ser chamada de Secadi – Secretaria de Educação Continuada, Alfabetização, Diversidade e Inclusão. Então, a Secadi passou a incorporar o diálogo e a formulação de políticas acerca da inclusão e deficiência. Em 2019, com a eleição de Jair Bolsonaro, a Secadi foi extinta, sendo recriada em 2023 depois da eleição de Lula em 2022.

Entretanto, esse crescimento não se mostrou suficiente nem sustentável ao longo dos anos, pois para fazer com que um percentual tão elevado da população tivesse condição de avançar em sua escolaridade com a qualidade necessária, os investimentos destinados à educação de jovens e adultos nesse período deveriam ser muito maiores. Além disso, há também uma complexidade para fazer com que esses recursos cheguem até as escolas geridas por estados e municípios, que precisam, por sua vez, se engajar politicamente na valorização da modalidade. Muitas secretarias estaduais e municipais de educação não viam a EJA como prioridade, uma vez que faltavam recursos e condições adequadas para outras modalidades, como a educação infantil, que era uma demanda da população e uma obrigação dos municípios ofertá-la. Quer dizer, não houve em relação à EJA uma suficiente pressão dos órgãos de justiça e controle social para exigir que esse direito fosse cumprido.

Entre 2007 e 2010, a Secad fez um grande esforço para implementar a Agenda Territorial de Alfabetização e Educação de Jovens e Adultos, que tinha como tarefa estabelecer uma agenda de compromissos com cada secretaria estadual para ampliar as matrículas na EJA com base em um plano de ação orientado pelo governo federal. Tal processo seria impulsionado pela participação da sociedade civil, dos movimentos sociais e dos fóruns de EJA.

Fóruns Estaduais de EJA

Desde fins dos anos 1990, haviam se organizado em vários estados do país os Fóruns Estaduais de EJA, composto na maior parte dos casos por educadores das redes públicas de ensino, acadêmicos e militantes do campo da educação como representantes do Movimento de Alfabetização (Mova), que lutavam pelo fortalecimento da modalidade e da implementação de diferentes perspectivas de ampliação da educação de jovens e adultos. Representantes dos Fóruns tiveram no período de 2003 até pelo menos 2015 importante papel de interlocução junto ao governo federal para a implementação de novas políticas para EJA. Cada Fórum Estadual mantinha dinâmica própria de encontros, havendo momentos de reuniões entre os grupos dos estados, que ocorreram nos encontros regionais (Ereja) e nos encontros nacionais (Eneja), na Comissão Nacional de Alfabetização e Educação de Jovens e Adultos (CNAEJA), mantida pela Secadi para auxiliar a secretaria na formulação de políticas para a modalidade.

A QUEDA

Apesar dos esforços para fazer a EJA avançar no país a partir de 2007, as matrículas nessa modalidade começaram a entrar em queda. Como explicar que, apesar dos esforços do governo federal, registrava-se um declínio das matrículas?

As explicações não são evidentes, mas é possível levantar algumas hipóteses: o baixo interesse de parte das secretarias municipais e estaduais em desenvolver e investir recursos na modalidade diante da fragilidade da educação presente também em outras modalidades. Pode-se mencionar ainda as dificuldades na construção de currículos e orientações pedagógicas específicos e que sejam condizentes com as condições de vida dos demandantes da EJA: longas jornadas escolares, número reduzido de unidades escolares de atendimento e currículos infantilizados que não atendem às expectativas de adultos também devem ser consideradas dificuldades a ser superadas. É necessário que existam modelos escolares mais flexíveis, sem representar formas precarizadas de oferta da modalidade. Sabemos, por exemplo, que a educação à distância (EAD) pode ser uma solução para uma parte dos educandos da EJA, especialmente aqueles que já são mais escolarizados, que têm acesso a computadores e internet e não têm disponibilidade para frequentar um curso presencial. Entretanto, a EAD só consegue atender a uma pequena parte, pois a maioria dos educandos da EJA precisa da atenção de um professor e de espaços de convivência na escola que lhe permitam recuperar a autoestima quanto à sua capacidade de aprender com base no acolhimento dos educadores. Como afirmamos no capítulo anterior, trata-se de uma modalidade complexa que exige múltiplas soluções tendo em conta a diversidade e a condição social de seus sujeitos.

Para que a EJA possa efetivamente se desenvolver é necessário que se façam investimentos muito mais significativos do que aqueles realizados no período de 2003 a 2015, para que a modalidade possa de fato atender às demandas de seus sujeitos. No entanto, não bastam os recursos, pois é necessário também articulação política para que os entes federativos alavanquem as propostas definidas e ousadia do ponto de vista curricular para inovar e criar modelos adequados aos sujeitos atendidos pela modalidade.

A partir de 2015, durante o segundo governo de Dilma Roussef – no quarto mandato consecutivo do Partido dos Trabalhadores –, o país mergulhou em uma grave crise econômica inflada pela oposição política ao seu governo no Congresso, que levaria ao impeachment da presidenta em maio de 2016. Nesse contexto, muitos recursos foram drasticamente reduzidos, com a queda sistemática daqueles destinados para a EJA a partir daquele ano.

Com a posse de Michel Temer em 2016, assistimos a um total desmonte da EJA no que se refere ao plano federal. Os recursos foram ainda mais reduzidos. Em 2017, por exemplo, o governo Temer investiu apenas 158 milhões de reais na modalidade, diante de 1,47 bilhões investidos em 2012.

Com o impedimento de Lula participar das eleições de 2018, Fernando Haddad tornou-se o candidato que concorreria com Jair Bolsonaro. O então deputado Jair Bolsonaro era o representante da extrema direita no Brasil e, mesmo tendo baixa relevância no cenário político brasileiro até então, conseguiu derrotar Haddad no segundo turno das eleições e ser eleito presidente do Brasil para o período de 2019 até 2022.

Entre 2019 e 2021, muitas mudanças ocorreriam. A primeira delas foi a redução ainda maior de matrículas na EJA registrada pelo Censo Escolar 2020, com 8,3% menos matrículas somente em um ano.

Essa queda refletiu a ausência de políticas públicas para a modalidade no nível federal a partir da posse de Jair Bolsonaro na presidência. Um de seus primeiros atos foi fechar a Secretaria de Educação Continuada, Alfabetização, Diversidade e Inclusão do Ministério da Educação (Secadi/MEC), que se dedicava a alavancar várias modalidades da educação longamente desprezadas: indígenas, quilombolas, educação especial e EJA.

No caso da EJA, o fechamento da Secadi não se traduziu na formação de uma nova equipe ou diretoria que ficasse encarregada da modalidade. Foi criada apenas a Secretaria de Alfabetização, que deveria formular políticas no campo da alfabetização, incluindo-se aí também os adultos.

O governo federal não retomou as políticas de livros didáticos para EJA (PNLD-EJA) e tratou de anular o Programa Brasileiro de Alfabetização (PBA). Na história da República, pelo menos desde a década de 1930, o Brasil teve várias campanhas de alfabetização promovidas pelo governo federal. No governo Bolsonaro, entretanto, o programa, que chegou a ter 1,5 milhão de pessoas em processo de alfabetização, desapareceu. Não havia dados, investimento e nem mesmo qualquer discurso que fizesse referência a isso.

A única política para educação de jovens que ganhou fôlego nesse período foi o Exame Nacional de Certificação de Competências de Jovens e Adultos (ENCCEJA). Na edição de 2014, o ENCCEJA teve 1,1 milhão de inscritos. Em 2018, foram 2,9 milhões de inscrições. Essa enorme ampliação talvez possa ser explicada pela própria dificuldade de muitos jovens e adultos frequentarem a escola em um país cada vez mais desigual e excludente, optando por realizar um exame para tentar alavancar sua formação e construir novas oportunidades pessoais e profissionais. Pode ser também um reflexo do processo crescente de precarização da EJA, com a inexistência de políticas indutivas por parte do governo federal e a redução da oferta em estados e municípios que se veem cada vez mais desobrigados de disponibilizar a modalidade, ainda que seja garantida como direito pela Lei de Diretrizes e Bases da Educação Nacional (LDB).

A situação da EJA no país se agravaria ainda mais com o início da pandemia do coronavírus em março de 2020, com a suspensão das aulas presenciais. Sem acesso às tecnologias necessárias para frequentar aulas on-line e tendo de enfrentar condições de vida ainda mais adversas no contexto da pandemia, muitos educandos da EJA ficaram exilados da escola e impossibilitados de ter acesso às propostas de trabalho.

Sabe-se que a redução das matrículas foi acelerada com a pandemia, seja porque os estudantes não conseguiram frequentar a escola, seja porque algumas redes parecem ter aproveitado a pandemia para enxugar ainda mais o número de vagas para a EJA. Os dados do Censo Escolar mostram que o estado de São Paulo, por exemplo, reduziu em 18% as vagas para a EJA de ensino fundamental e 16% para o ensino médio somente entre 2020 e 2021. Na cidade de São Paulo, a redução de turmas para o ensino fundamental foi de 29%.

Tais dados reforçam a constatação de que os governos estaduais pouco investiram em medidas para que os estudantes da EJA pudessem continuar os estudos durante a pandemia, promovendo, por exemplo, o acesso à internet para manter maior proximidade com a escola e os educadores. Ao contrário, a perspectiva foi de ainda maior fechamento de vagas para reduzir custos.

Essa perspectiva se fortalece com a inação do governo federal, que deliberadamente não buscou criar iniciativas que reduzissem os efeitos danosos da pandemia. Em 2022, com a retomada das aulas presenciais, nenhum programa foi lançado para estimular o retorno dos estudantes à EJA.

Estamos diante desse contexto desastroso para a educação de jovens e adultos: mais da metade dos brasileiros não concluiu a educação básica; o Brasil apresenta o maior número de analfabetos absolutos da América Latina; conforme o Indicador de Alfabetismo Funcional (INAF) de 2018, um terço de sua população é analfabeta funcional, ou seja, são pessoas que podem identificar letras, números, palavras, ler frases curtas, mas têm muita dificuldade para fazer uso da leitura e da escrita, quando se depara com qualquer texto de maior complexidade ou com operações matemáticas.

Mas o que é necessário fazer para criar políticas que consigam efetivamente restabelecer o direito à educação de seus cidadãos? É evidente que primeiramente precisamos de recursos muito mais substantivos para atender de maneira qualificada uma modalidade tão diversa e complexa. Em todas essas décadas, o investimento na EJA e em programas de alfabetização oscilou, mas sempre foi insuficiente.

Além disso, é preciso investir em currículos adequados aos sujeitos da EJA e às suas reais condições de vida. Um tema que surge aí é o da dificuldade de estudar diante de uma longa jornada de trabalho, afazeres domésticos e cuidados com a família. Como fazer para que o estudo caiba na vida dessas pessoas? Como criar condições para que estudar não tenha que ser um ato heroico repleto de sacrifícios que somente alguns poucos conseguem dar conta? Muitas vezes se escuta que um estudante conseguiu manter-se na escola apesar de todas as dificuldades. No entanto, não podemos contar apenas com o sacrifício das pessoas para fazer a escolarização da EJA avançar. É necessário criar políticas que viabilizem jovens e adultos retornarem à escola com condições adequadas para sua permanência e enfrentamento de suas outras atividades cotidianas.

Por último, falta em nosso país a consciência política para muitos governantes de que a educação é um direito de todos e todas ao longo da vida e que esta deve ser garantida pelo Estado, conforme indica a Constituição de 1988. O fracasso de tantos brasileiros não pode ser analisado em uma perspectiva meritocrática, pois são milhões que não conseguem iniciar ou concluir seus estudos devido às condições sociais que enfrentam, e não pela falta de mérito ou indisposição pessoal para o estudo. Já houve ministro da Educação que declarou, nos anos 1990, que a educação de jovens e adultos iria sucumbir, pois os velhos iriam morrer. Tal visão torna impossível a garantia de um direito, além de ser também equivocada enquanto política pública. É verdade que atualmente a imensa maioria das crianças inicia os estudos na infância, mas também é fato que, nas séries finais do ensino fundamental e no ensino médio, grandes contingentes de jovens deixam a escola em busca de trabalho ou devido a outros motivos que denunciam as dificuldades sociais vividas por grande parte da população brasileira para permanecer estudando.

Sugestões de leitura

CATELLI JR., Roberto. *A EJA em xeque*. São Paulo: Global, 2014

Coletânea de artigos que analisa as políticas públicas para a educação de jovens e adultos levando em conta diferentes temas: exames de certificação, juventudes, políticas para a diversidade e a questão do financiamento da modalidade.

GRACIANO, Mariangela; LUGLI, Rosário S.G. *Direitos, diversidade, práticas e experiências educativas na educação de jovens e adultos*. São Paulo: Alameda, 2017. Disponível em: https://www.alamedaedito-ra.com.br/wp-content/uploads/2020/05/direito_diversidade_MIOLOfinal-ilovepdf-compressed. pdf. Acesso em: 29 abr. 2024.

Coletânea que aborda o tema da diversidade, analisando a educação como direito universal a ser garantido pelas políticas públicas. Alguns artigos indicam metodologias e propostas curriculares que procuram ter como foco as demandas e necessidades efetivas de jovens e adultos.

DI PIERRO, M. C.; HADDAD, S. Transformações nas políticas de educação de jovens e adultos no Brasil no início do terceiro milênio: uma análise das agendas nacional e internacional. *Cad. Cedes*, Campinas, v. 35, n. 96, p. 197-217, ago. 2015. Disponível em: https://www.scielo.br/j/ccedes/a/q4 xPMXVTQvQSYrPz9qQBCgN/?lang=pt Acesso em: 29 abr. 2024.

O artigo analisa as transformações nas políticas de educação de jovens e adultos (EJA) no Brasil do início do século XXI, levando em conta os direitos reconhecidos na legislação nacional e os compromissos assumidos em fóruns internacionais.

BEISEGEL, Celso de Rui. *Estado e educação popular: um estudo sobre a educação de adultos*. São Paulo: Pioneira, 1974.

Importante obra sobre a educação de adultos, que destaca as políticas constituídas para a modalidade ao longo do século XX, entendendo a educação popular como uma extensão do ensino regular a todos aqueles que não puderam frequentar a escola na infância e adolescência.

Políticas públicas e legislação para a EJA: avanços e retrocessos

É fato que não bastam as leis para que uma modalidade como a EJA tenha êxito, uma vez que as leis não são suficientes para determinar como as escolas vão desenvolver suas propostas curriculares em cada localidade. Por outro lado, é preciso considerar também que as leis são um importante ponto de partida para que as escolas funcionem de forma adequada e com recursos suficientes para implementar uma proposta pedagógica. Muito frequentemente observamos educadores com bom domínio pedagógico, mas que desconhecem a legislação e as políticas públicas para a modalidade. Da mesma forma, verificamos que legisladores e executores de políticas públicas legislam ou tomam decisões sem o mínimo conhecimento das reais demandas das escolas. Nesse sentido, é essencial promover uma interlocução entre a proposta pedagógica, a legislação e as políticas públicas, pois só assim poderemos garantir que as proposições para a modalidade ganhem real sentido quando implementadas.

Ao mesmo tempo, os educadores terão mais consciência das lutas que podem empreender tendo como base a legislação vigente ou tendo em vista a defesa de mudanças.

A Constituição de 1988, no artigo 207, definiu que o Estado deveria ofertar o ensino fundamental e gratuito para aqueles que não tiveram acesso na idade própria. Em 2009, uma emenda constitucional inclui também o ensino médio como oferta obrigatória para esse mesmo público.

Com a promulgação da Lei e Diretrizes e Bases da Educação Nacional (LDB) em 1996, a educação de jovens e adultos se afirmou como parte da política pública de educação que deveria ser obrigação do Estado. Conforme já indicamos anteriormente, o artigo 37 estabelece que: "os sistemas de ensino assegurarão gratuitamente aos jovens e aos adultos, que não puderam efetuar os estudos na idade regular, oportunidades educacionais apropriadas, consideradas as características do alunado, seus interesses, condições de vida e de trabalho, mediante cursos e exames (§1º). O Poder Público viabilizará e estimulará o acesso e a permanência do trabalhador na escola, mediante ações integradas e complementares entre si (§2º)". O artigo 38 explicita ainda que: "Os sistemas de ensino manterão cursos e exames supletivos, que compreenderão a base nacional comum do currículo, habilitando ao prosseguimento de estudos em caráter regular".

A LDB impôs a estados e municípios a obrigação de ofertar a educação de jovens e adultos, sendo que cabe aos municípios disponibilizarem o ensino fundamental e aos estados oferecer as séries finais do ensino fundamental e, principalmente, o ensino médio.

Tal definição legal obrigaria também a uma regulamentação da modalidade e à obtenção de recursos para financiar as vagas a serem criadas e ampliadas para essa modalidade da educação básica.

Com isso, em 2000, o Conselho Nacional de Educação (CNE) aprovou o Parecer 11/2000, que estabeleceu as bases para as diretrizes curriculares para a educação de jovens e adultos. Elaborado pelo jurista José Roberto Jamil Cury, este parecer, tal como veremos a seguir, tornou-se um importante documento de renovação das concepções da EJA no país no que se refere às suas determinações legais.

Além desse parecer, devemos mencionar também a Emenda Constitucional n. 53/2006, que criou o Fundo de Manutenção e Desenvolvimento da Educação Básica e Valorização dos Profissionais da Educação (Fundeb), assegurando financiamento público para o ensino médio e a modalidade EJA; a Emenda Constitucional n. 59/2009, que garante aos estudantes jovens e adultos o acesso ao livro didático, à merenda escolar e ao transporte; a Resolução n. 3, que instituiu Diretrizes Operacionais para a Educação de Jovens e Adultos nos aspectos relativos à duração dos cursos e idade mínima para ingresso nos cursos e exames de EJA e educação de jovens e adultos desenvolvida por meio da educação a distância; a Resolução n. 2 (CEB/CNE/2010), que determina a oferta da modalidade EJA nos estabelecimentos prisionais; e a Lei n. 12.433/2011, que estabeleceu remição da pena pelo estudo.

Mais recentemente, em 2020, um novo parecer foi elaborado pelo CNE, propondo o alinhamento das Diretrizes Operacionais para a Educação de Jovens e Adultos à Base Nacional Comum Curricular (BNCC) e outras legislações. Em seguida, em 2021, com base nesse Parecer, foi elaborada a Resolução n. 1/2021, que tinha como objetivo instituir novas Diretrizes Operacionais para a Educação de Jovens e Adultos nos aspectos relativos ao seu alinhamento à Política Nacional de Alfabetização (PNA), à BNCC e à Educação de Jovens e Adultos a Distância.

Linha do tempo

1988	Promulgação de nova Constituição, que definiu que o Estado deveria ofertar o ensino fundamental e gratuito para aqueles que não tiveram acesso na idade regular.
1996	Promulgação da Lei de Diretrizes e Bases da Educação Nacional (LDB).
2000	Elaboração do Parecer n. 11/2000 pelo Conselho Nacional de Educação, o qual estabeleceu novas bases conceituais para a educação de jovens e adultos
2006	A Emenda Constitucional n. 53/2006 criou o Fundo de Manutenção e Desenvolvimento da Educação Básica e Valorização dos Profissionais da Educação (Fundeb), assegurando financiamento público para a modalidade EJA

2009	A Emenda Constitucional n. 59/2009 garantiu aos estudantes jovens e adultos o acesso ao livro didático, à merenda escolar e ao transporte.
2010	Foram instituídas as Diretrizes Operacionais para a Educação de Jovens e Adultos nos aspectos relativos à duração dos cursos e idade mínima para ingresso nos cursos e exames de EJA e à EJA desenvolvida por meio da educação a distância.
2010	Resolução n. 2 (CEB/CNE/2010) determinou a oferta da modalidade EJA nos estabelecimentos prisionais.
2011	A Lei n. 12.433/2011 estabeleceu remição da pena pelo estudo para pessoas encarceradas.
2021	Resolução n. 1/2021 instituiu novas Diretrizes Operacionais para a Educação de Jovens e Adultos nos aspectos relativos ao seu alinhamento à Política Nacional de Alfabetização (PNA) e à Base Nacional Comum Curricular (BNCC).

O PARECER N. 11/2000 E AS FUNÇÕES DA EJA

Depois da promulgação da LDB em 1996 em um contexto ainda de reconstrução da democracia e da consolidação de uma sociedade de direitos previstos pela Constituição de 1988 – e pela pressão social em defesa estes direitos –, a EJA ganharia espaço para promover uma nova normatização que superaria a visão da suplência em nome do direito em qualquer tempo da vida. Conforme o documento: "na medida em que a EJA, tornando-se direito, desloca a ideia de compensação substituindo-a pelas de reparação e equidade" (CNE, Parecer n. 11/2000, p. 66).

No Parecer apresentado por José Roberto Jamil Cury, na qualidade de relator do documento aprovado em maio de 2000, define-se que a EJA "representa uma dívida social não reparada para com os que não tiveram acesso a e nem domínio da escrita e leitura como bens sociais, na escola ou fora dela, e tenham sido a força de trabalho empregada na constituição de riquezas e na elevação de obras públicas" (CNE, Parecer n. 11/2000, p. 5). Com isso, a primeira das funções da EJA, conforme o parecer, seria a *reparadora*, ou seja, o Estado se responsabilizaria pela exclusão de tantos brasileiros da escola e precisaria criar as condições para que essa dívida social fosse reparada. Tal visão muda substancialmente a perspectiva ainda presente de que o abandono escolar é somente fruto de uma ação do indivíduo que não se manteve na escola por razões de caráter pessoal. O fracasso individual é frequentemente visto apenas como um problema do indivíduo, e não como fruto de um contexto social que dificulta o ingresso e principalmente a conclusão da educação básica para milhões de brasileiros. Nesse sentido, o relator afirma que a reparação se refere à restauração de um direito negado.

A segunda função da EJA, conforme o Parecer, é a *equalizadora*, que se refere ao atendimento dos diferentes estratos sociais tais como trabalhadores, aposentados, migrantes, encarcerados, enfim, dar a todos e todas as mesmas possibilidades de acessar e concluir a educação básica considerando as especificidades de cada grupo para o atendimento no campo educacional. Conforme o documento: "A equidade é a forma pela qual se distribuem os bens sociais de modo a garantir uma redistribuição e alocação em vista de mais igualdade, consideradas as situações específicas. Os desfavorecidos frente ao acesso e permanência na escola devem receber proporcionalmente maiores oportunidades que os outros. Por esta função, o indivíduo que teve sustada sua formação, qualquer tenha sido a razão, busca restabelecer sua trajetória escolar de modo a readquirir a oportunidade de um ponto igualitário no jogo conflitual da sociedade" (CNE, Parecer n. 11/2000, p. 10).

A terceira função é a *qualificadora*, que se refere à possibilidade de adquirir conhecimentos em qualquer momento da vida. Conforme o Parecer: "ela é um apelo para a educação permanente e criação de uma sociedade educada para o universalismo, a solidariedade, a igualdade e a diversidade" (CNE, Parecer n. 11/2000, p. 11).

O documento inova também ao considerar que, para se cumprir as funções da EJA, é necessário criar um modelo pedagógico próprio "a fim de criar situações pedagógicas e satisfazer necessidades de aprendizagem de jovens e adultos" (CNE, Parecer n. 11/2000, p. 9). Ou seja, o documento abre brecha para que novas legislações e práticas sejam criadas reconhecendo essa especificidade, não sendo possível realizar a função reparadora e equalizadora sem que se compreenda quem são os sujeitos demandantes e em que condições o direito à educação pode ser efetivado para esse grupo. Conforme o Parecer, os estudantes da EJA "são jovens e adultos, muitos deles trabalhadores, maduros, com larga experiência profissional ou com expectativa de (re)inserção no mercado de trabalho e com um olhar diferenciado sobre as coisas da existência [...]. Para eles, foi a ausência de uma escola ou a evasão da mesma que os dirigiu para um retorno nem sempre tardio à busca do direito ao saber" (CNE, Parecer n. 11/2000, p. 33).

Por estar embasada na Constituição de 1988 e na LDB de 1996, a visão construída sobre a EJA nesse Parecer reitera o direito de todos os cidadãos ao ensino fundamental, independentemente de sua idade. Por isso, faz referência à existência de um direito público constitucionalizado e positivado, sendo qualquer pessoa titular deste direito em qualquer tempo, devendo ser automático e imediato o seu atendimento. Conforme o Parecer: "Na prática, isto significa que o titular de um direito público subjetivo tem asseguradas a defesa, a proteção e a efetivação imediata do mesmo quando negado. Em caso de inobservância deste direito, por omissão do órgão incumbido ou pessoa que o represente, qualquer criança, adolescente, jovem ou adulto que não tenha entrado no ensino fundamental pode exigi-lo e o juiz deve deferir imediatamente, obrigando as autoridades constituídas a cumpri-lo sem mais demora. O direito público subjetivo não depende de regulamentação para sua plena outros efetividade" (CNE, Parecer n. 11/2000).

Outros dois importantes temas relativos à modalidade EJA são ainda discutidos no Parecer: a questão da certificação por meio de exames e a educação a distância.

No que se refere à certificação por meio de exames, o Parecer ratifica o que já está posto na LDB, que é a possibilidade de a certificação ocorrer por meio de exames. No entanto, prega o rigor na criação deste tipo de certificação, propondo rígido processo de credenciamento das instituições autorizadas a realizar exames de certificação. Define como idade mínima para esses exames 15 anos para o ensino fundamental e 18 para o ensino médio, ou seja, a mesma idade definida par o ingresso na EJA.

Quanto à educação a distância, o Parecer define que esta forma de realizar o trabalho educativo "sempre foi um meio capaz de superar uma série de obstáculos que se interpõem entre sujeitos que não se encontrem em situação face a face". Adverte, no entanto, dos riscos que se corre quando a educação a distância é manejada por mãos inescrupulosas que podem oferecer cursos e propostas educativas medíocres e diplomas mercadorizados. Por isso, adverte para a necessidade de credenciamento junto ao poder público das instituições que ofereçam tal forma de atendimento. Define também que devem ocorrer exames presenciais ao final do processo por instituição credenciada.

DIRETRIZES OPERACIONAIS PARA EJA: 2010 E 2021

O debate acerca da legislação relacionada à modalidade manteve-se aquecido durante toda a primeira década do século XXI, uma vez que o país vivia um momento de ampliação das instituições democráticas e a então Secretaria de Educação Continuada, Alfabetização e Diversidade (Secad) – que mantinha uma diretoria de alfabetização e educação de jovens e adultos – abria espaço para que comissões da sociedade civil pudessem manter diálogo com os formuladores diretos de políticas públicas. Nesse contexto, foi criada em 2004 a Comissão Nacional de Alfabetização e Educação de Jovens e Adultos (CNAEJA), com a participação de vários movimentos sociais que poderiam influir na reformulação das políticas da modalidade. Desde fins dos anos 1990, os Fóruns Estaduais de EJA, formados principalmente por educadores e gestores das redes públicas de educação para jovens e adultos, exerciam também forte pressão para que algumas das pautas da EJA tomassem a direção que os grupos organizados nos estados consideravam adequada. Na discussão das Diretrizes operacionais em 2010, estes atores tiveram importante papel nas disputas que se sucederam.

O processo de elaboração das Diretrizes Operacionais de Educação de Jovens e Adultos teve início em 2007, mas só foi aprovado pelo MEC em 2010. O principal objeto de discussão foi a definição da idade mínima para os exames e para os cursos de EJA. Esta associação decorre

Educação de jovens e adultos

da avaliação de que a redução da idade mínima para exames trazida pela Lei de Diretrizes e Bases de 1996 (Lei n 9.394/96) era, assim como a criação do ENCCEJA, reflexo da focalização das políticas federais de educação no ensino fundamental obrigatório. Dado que o ensino obrigatório compreendia a população de 7 a 14 anos, a redução da idade mínima para exames de ensino fundamental para 15 anos foi vista como confirmação da visão de que a responsabilidade de garantia da educação pelo poder público se restringia à população de 7 a 14 anos.

Nas discussões sobre as Diretrizes Operacionais para a EJA, foi central o tema da idade mínima, tendo sido selecionado como um dos três objetos de revisão: "1) os parâmetros de duração e idade dos cursos para a EJA; 2) os parâmetros de idade mínima e de certificação dos Exames na EJA; 3) o disciplinamento e orientação para os cursos de EJA desenvolvidos com mediação da Educação a Distância" (Parecer CEB/CNE n. 23/2008). A proposta de elevação da idade mínima para a realização de exames de ensino fundamental para 18 anos tinha como fundamento a necessidade de adequar a LDB ao Estatuto da Criança e do Adolescente (Lei n. 8.069, de 13 de julho de 1990) – que define como adolescente as pessoas com idade entre 12 anos completos e 18 anos incompletos – e de frear o processo conhecido como a juvenilização da EJA.

Quanto ao debate acerca da elevação da idade mínima para cursos e exames, cabe destacar que esse tema determinou a não homologação de proposta de Diretrizes Operacionais para EJA pelo Ministro da Educação em 2008. Em Nota Técnica enviada ao CNE (Nota Técnica n. 38/2009/DPEJA/Secad), o Departamento de Educação de Jovens e Adultos da Secad discorda do diagnóstico sobre a juvenilização da EJA, fazendo referência aos dados do INEP e IBGE. Argumenta que a elevação da idade significaria restringir as oportunidades de conclusão do ensino fundamental da população entre 15 e 17 anos e sua liberdade de escolha. Comenta ainda que existe a sinalização de que o ensino obrigatório seja estendido até os 17 anos, o que tornaria a demanda pela EJA ainda maior para esse grupo. A partir dessa nota técnica, outro parecer é elaborado em 2010 pelo Conselho Nacional de Educação (Parecer CNE/CEB n.

6/2010) mantendo a idade mínima em 15 anos para os exames e cursos de EJA de ensino fundamental e 18 anos para o ensino médio.

Um novo processo de revisão das Diretrizes Operacionais da EJA tomou impulso em 2020 em um contexto muito diferente daquele da aprovação das diretrizes em 2010, que refletia a ausência de políticas públicas para a modalidade no nível federal.

O fechamento da Secadi em 2019 não se traduziu na formação de uma nova equipe ou diretoria que ficasse encarregada da modalidade. Foi criada apenas a Secretaria de Alfabetização, que deveria formular políticas no campo da alfabetização, incluindo-se aí também os adultos. Como mencionamos anteriormente, o Programa Brasileiro de Alfabetização (PBA) também foi descontinuado, assim como os programas do livro didático (PNLD). Destaca-se também que a pandemia do Covid-19 fez com que se reduzissem ainda mais as matrículas na modalidade, uma vez que muitos estudantes deixaram de frequentar as escolas e as propostas de curso remoto tiveram muita dificuldade de serem implementadas na EJA.

Nesse cenário, a Resolução n. 01/2021, que instituiu novas Diretrizes Operacionais para a Educação de Jovens e Adultos (EJA), mostrou-se como uma das raras iniciativas no âmbito do governo Bolsonaro relativo à modalidade. O documento tem como base o Parecer n. 06/2020 que discute os temas centrais da EJA, tais como a oferta a distância, a articulação com a educação profissional, as cargas horárias, e defende a necessidade de flexibilizar a oferta para compatibilizar com a realidade dos estudantes.

A Resolução n. 01/2021 tem primeiramente por objetivo central produzir um alinhamento da EJA em relação à BNCC, mas, para além disso, coloca forte acento na ampliação da EJA em formato EAD e intensifica os modelos articulados à educação profissional em uma perspectiva bastante reducionista, possibilitando formações bastante apressadas de baixa qualificação para os educandos da EJA.

O artigo 13 explicita a validação da BNCC para a EJA ao considerar que "Os currículos dos cursos da EJA, independente de segmento e forma de oferta, deverão garantir, na sua parte relativa à formação geral básica, os direitos e objetivos de aprendizagem, expressos em competências e habilidades nos termos da Política Nacional de Alfabetização (PNA) e da BNCC, tendo como ênfase o desenvolvimento dos componentes essenciais para o ensino da leitura e da escrita, assim como das competências gerais e as competências/habilidades relacionadas à Língua Portuguesa, Matemática e Inclusão Digital" (CNE, Resolução n. 01/2021, art. 13).

Com isso, o legislador legitimou a BNCC para a EJA em todos os segmentos sem sugerir qualquer adaptação e sem fazer qualquer consideração sobre as diferenças entre os públicos demandantes de cada modalidade. Ao contrário do que indicava o Parecer n. 11/2000, que indicava a formulação de uma proposta curricular própria, neste caso, o que se propõe é um alinhamento artificial que pode levar a um maior descolamento da EJA da realidade dos estudantes, criando um abismo entre o currículo e a realidade. Também não propõe a criação de um documento complementar que desse conta dessas especificidades. Dessa forma, aquilo que foi proposto para crianças de 6 a 10 anos nas séries iniciais do ensino fundamental, por exemplo, fica validado para pessoas adultas, que na sua maioria têm 40 anos ou mais nas séries iniciais da EJA. Estudos dos anos 1990 realizados por Marta Khol de Oliveira mostravam que adultos são "não crianças" inseridos em uma cultura que precisa ser conhecida para compreender seus processos de aprendizagem. Em seu artigo "Ciclos de vida: algumas questões sobre a psicologia do adulto", Oliveira aponta: "Ser adulto, trabalhador, estudante, participante de sindicato – e pai de família, membro de grupo religioso, militante de partido político, etc. – são condições que, em diferentes combinações e com diversos significados, constituem formas peculiares de construção de conhecimento e de aprendizagem, evidenciando que o desenvolvimento psicológico é um processo de constante transformação e de geração de singularidades".

Mas como crer que as habilidades validadas para crianças de 6 anos podem ser aplicadas a adultos com 40 anos ou mais? Como a simples aprovação de uma Resolução pode garantir isso?

Faltam na Resolução respostas a indagações essenciais para a EJA: como criar cursos significativos para jovens e adultos que foram excluídos da escola e retornam em um outro momento da sua vida? Quais são suas expectativas? Que habilidades e competências seriam mais adequadas a esses cursos? Como a experiência de vida pessoal e profissional desses sujeitos pode ser incorporada ao processo de aprendizagem? Como os adultos aprendem? Como criar uma proposta que tenha foco em pessoas que são "não crianças"?

Muitas outras perguntas ainda poderiam ser formuladas, mas somente essas já justificam a elaboração de um documento específico para EJA que compusesse a BNCC e para que fizesse real sentido para a modalidade, sendo não somente uma farsa que anuncia algo que não pode se realizar na prática. Mais do que isso, evidencia-se a intenção de submeter a EJA aos currículos da chamada escola regular, esvaziando sua especificidade e ampliando assim o desmonte da educação de jovens e adultos.

Claro que, na prática, professores criativos farão um uso alternativo em seus planejamentos. Farão citações a BNCC para constar nos planos de ensino e diários de classe e construirão cursos que dizem mais respeito à sua realidade e aos seus sujeitos, o que será sempre necessário nas turmas de EJA marcadas por uma grande diversidade de sujeitos. Caso contrário, corre-se o risco de fazer cursos ainda mais distantes das realidades desses sujeitos, ampliando mais a evasão, que já ultrapassa 50% dos que ingressam em um ano letivo em algumas redes.

Deve-se mencionar que eventuais futuros editais de compra de livros didáticos para a EJA seriam também guiados por este documento (como já ocorre com os segmentos do EF e EM), sendo obrigado, por isso, a seguir a cartilha da BNCC. Caso os editores, ansiosos pela aprovação nas avaliações, sejam fiéis ao texto da BNCC, teremos materiais didáticos que correm o risco de serem pouco válidos para a modalidade, podendo ficar encostados em um canto da escola.

Outros aspectos da Resolução merecem ainda ser problematizados, como o artigo 30, que estabelece a inclusão da EJA no Sistema Nacional de Avaliação da Educação Básica para analisar a qualidade do processo educativo. De um lado, parece positivo incluir a EJA em políticas de investimento em formação, valorização da carreira e infraestrutura. Por outro lado, cria parâmetros de avaliação que apenas vão colocar a EJA em patamares inferiores em termos de resultados, pois não se pode avaliar programas específicos com as mesmas lentes de outro destinado a público diferente. Um dos grandes desafios na EJA é a permanência dos estudantes, uma vez que suas histórias de vida dificultam em muito a frequência à escola. Como não considerar as estratégias das escolas, por exemplo, para fortalecer a permanência como parte do processo avaliativo? Como medir as aprendizagens sem considerar a grande diversidade existente na EJA e toda a complexidade das histórias de vida de educandos? Quais seriam os parâmetros válidos para tal medição? Utilizar como parâmetro apenas as mesmas categorias utilizadas para a escola de crianças e adolescentes pode criar grandes distorções e uma total incompreensão dos processos de aprendizagem de estudantes da EJA.

Há ainda a regulamentação da EJA no formato EAD, sendo permitida 80% de sua carga horária a distância. A pandemia mostrou que, para alguns dos sujeitos da EJA, um curso parcialmente EAD pode fazer sentido, uma vez que têm pouca disponibilidade em grandes centros urbanos para estar presencialmente na escola 20 horas por semana, considerando as dificuldades de transporte, a longa jornada de trabalho e os cuidados com a família. Mas também seria necessário indicar a necessidade de criar um documento orientador específico que estabelecesse regras e limites para esse formato para a EJA, evitando que a oferta presencial possa ser drasticamente reduzida por redes públicas como forma de barateamento da modalidade com a implementação do formato EAD.

É preciso avaliar ainda a funcionalidade de uma proposta EAD para jovens e adultos que ficaram longos períodos ausentes da escola e também são excluídos digitalmente, ou seja, para quem o uso de computadores e outras tecnologias pode ser um desafio tão grande quanto o desenvolvimento escolar. Cabe colocar em destaque a reflexão sobre o papel que o professor exerce para que esses jovens e adultos possam recuperar a confiança na sua capacidade de aprender, uma vez que sua experiência com a escola pode ter sido, na maior parte dos casos, traumática.

Causa estranheza também nessa Resolução o esforço declaratório do artigo 33 que, de forma gratuita, enaltece o papel relevante da iniciativa privada da modalidade, sem nada propor efetivamente. Segundo o documento, no artigo 13: "As instituições escolares do ensino privado poderão ser importantes ofertantes da EJA em todo o país, no exercício de autonomia de seu PPP, como modalidade que promove o resgate do tempo e das oportunidades educacionais não assegurados na idade certa". Sabemos que a participação das redes privadas na EJA é muito pouco significativa quando nos referimos às escolas presenciais. A condição social da população que frequenta a EJA não permitiria o pagamento de mensalidades que pudessem tornar lucrativo tal empreendimento privado. Entretanto, o que começou a surgir com força após a efetivação das novas Diretrizes Operacionais são anúncios de cursos EAD para a EJA com preços muito atrativos, até mesmo para pessoas de muito baixa renda. Conhecidas universidades e escolas privadas começaram a oferecer a oportunidade de realizar cursos por meio de plataformas on-line com baixo custo e com propostas que pouco condizem com as necessidades de muitos demandantes da EJA nas mais variadas localidades do país. Em geral, são propostas de curso baseadas nas escolas regulares com foco nos conteúdos da BNCC, tal qual propõe as Diretrizes Operacionais de 2021. Tal encaminhamento dificilmente permite que se cumpra com o que o Parecer n. 11/2000 denominava como função equalizadora.

A LEGISLAÇÃO SOBRE FINANCIAMENTO NA EJA: O FUNDEB

Tanto no Brasil como na maior parte da América Latina, a educação de jovens e adultos é tratada como uma política marginal, com baixíssimo investimento do poder público na modalidade apesar dos percentuais elevados da população que não concluíram a educação básica. Como se explica isso no caso do Brasil, uma vez que a própria Constituição de 1988 e a LDB garantem o acesso à educação em qualquer momento da vida?

Uma das possíveis explicações se relaciona com a visão preconceituosa em relação ao jovem e adulto excluído da escola, quer dizer, é como se fosse apenas uma questão individual, do sujeito que abandonou a escola por decisão própria, sendo dele o ônus de retomar os estudos. Trata-se de uma visão meritocrática que culpabiliza o indivíduo e não considera que há uma enorme dívida social a ser paga.

Há também uma gestão dos escassos recursos públicos em todos os níveis da federação, que prioriza a educação de crianças e adolescentes em detrimento dos jovens e adultos. Uma vez que existe um maior controle social sobre a escola de crianças, os gestores públicos, seja por uma questão eleitoral ou por receio de possível judicialização de sua gestão no campo da educação, fazem com que os recursos sejam investidos no que pode gerar menor dano político, ou, ainda, na escola de crianças e adolescentes por torna-se propaganda política mais eficiente, segundo avaliação de muitos. Isso leva à depreciação de investimento na educação de jovens e adultos.

Nos anos 1990, década de expansão do ensino fundamental para crianças, houve uma priorização dos recursos para esse grupo, e a educação de jovens e adultos ocupou lugar marginal nas políticas educacionais, não sendo incluída no financiamento do Fundo de Desenvolvimento do Ensino Fundamental (Fundef), instituído em 1996. Conforme Maria Clara Di Pierro, este foi um contexto em que o governo federal buscava reduzir gastos, especialmente no período do governo de Fernando Henrique Cardoso (1995-2002), e, para isso, induziu a municipalização e dirigiu os investimentos em educação nas crianças e adolescentes com a criação de fundos de financiamento para cada uma das unidades da federação sem contemplar o ensino médio e a educação de jovens e adultos.

A autora mostra ainda que é difícil até mesmo explicitar o percentual efetivo de investimento na modalidade. Os dados que são possíveis de se obter, contudo, mostram que são sempre muito baixos. Conforme a especialista na EJA Maria Clara Di Pierro:

Os estudos sobre os custos, o financiamento e o gasto público com a educação de jovens e adultos são escassos e seus autores se ressentem da falta de informações fidedignas desagregadas. Em meados da década de 1990 o gasto público em educação de jovens e adultos correspondia a 1,4% da despesa em educação, prevalecendo o investimento dos Estados (62,3%) e dos Municípios (28,4%) sobre aquele (9,2%) realizado pela União. Estimativas realizadas para o período 2001-2004 indicam que a despesa média anual dos Estados e Municípios na modalidade de ensino destinada aos jovens e adultos representava aproximadamente 0,3% do PIB e cerca de 10% do gasto com educação básica, situado naquele período em torno de 3% do PIB, montante insuficiente para fazer frente aos desafios educativos reconhecidos na legislação nacional e nos compromissos assumidos pelo país no plano internacional.

Entretanto, em 2006, foi aprovado o Fundo de Desenvolvimento e Manutenção da Educação Básica e de Valorização dos Profissionais da Educação (Fundeb), que vigoraria a partir de 2007.

O Fundeb ampliou os recursos e a cobertura em relação ao Fundef, estabelecendo uma estrutura de financiamento que organiza em detalhes os percentuais a serem investidos em cada nível e modalidade educacional, incluindo o ensino médio e a educação de jovens e adultos.

Como funciona a distribuição de recursos para a educação no Fundeb

Os recursos do Fundeb são distribuídos de modo proporcional ao número de matrículas de unidade da federação. É realizada uma ponderação do custo estimado do aluno em cada região por nível e modalidade de ensino. O valor é definido pelo Poder Executivo federal para cada ano fiscal levando em conta o custo de um estudante nas séries iniciais do ensino fundamental. É também definido um gasto mínimo por aluno que deve ser realizado em todo o país. Os recursos do Fundeb vêm da arrecadação de impostos coletados no âmbito municipal e estadual, além da parte que vem do governo federal. Até 2019, o governo era responsável por 10% dos recursos do Fundeb. Mas em 2020, a participação do governo federal foi ampliada, devendo chegar a 23% em 2026.

Ocorre, contudo, que o aumento dos recursos para a EJA por meio do fundo foi estabelecido em condições desfavoráveis em relação a outras modalidades da educação básica, pois o fator de ponderação atribuído às matrículas nos cursos presenciais da modalidade recebeu o menor fator de ponderação (0,8), havendo também um teto de 15% sobre o total da rede municipal ou estadual. Os recursos advindos dessa nova forma de distribuição em alguma medida foram ampliados e favorecidos para a modalidade EJA. Mas, ao mesmo tempo, reafirmou o seu desprestígio, uma vez que ela era a que recebia a menor quantidade de recursos por matrícula realizada.

Em 2020, ano em que venceu o prazo para a existência do Fundo, foi estabelecida a Lei n. 14.113/2020, que transformou o Fundeb em um mecanismo permanente de financiamento da educação brasileira, prevendo as fontes de receita e forma de distribuição dos recursos. O maior fator de ponderação – valor 1,3 – seria destinado a pré-escola, ensino fundamental e médio em tempo integral e também a escolas do ensino médio do campo. A EJA continuou a receber o menor fator de ponderação. Entretanto, essa situação foi alterada em 2023, quando a Comissão Intergovernamental de Financiamento para a Educação Básica de Qualidade (CIF), que faz a gestão do Fundeb, aprovou a alteração do fator de ponderação para EJA para 1 em 2024. Essa foi a primeira vez em que o fator de ponderação se tornou o mesmo que o destinado ao ensino fundamental. Tal medida cria um estímulo para que gestores públicos locais ampliem o investimento na EJA.

Um último aspecto a ser considerado em relação ao financiamento da EJA é a pouca transparência no uso dos recursos destinados pelo Fundeb à modalidade. Embora os gestores municipais e estaduais recebam valores do Fundeb com base no número de matrículas na EJA, os mesmos gestores não estão obrigados a declarar de forma compulsória os gastos realizados na modalidade. Isso gera dois problemas: é praticamente impossível saber os gastos efetivos realizados com a modalidade EJA em cada um dos estados e municípios. Além disso, um gestor pode solicitar recursos com base nas matrículas de EJA e não investir esses recursos na modalidade, uma vez que não está obrigado a declarar os gastos realizados. É o que se denomina de um recurso que não é carimbado, que não exige que se comprove o gasto para o qual foi destinado. De acordo com José Marcelino de Resende Pinto, as secretarias de educação deveriam discriminar a carga horária dos docentes de EJA, além de especificar as despesas com todos os envolvidas em sua implementação, como, por exemplo, direção, coordenação pedagógica, limpeza, manutenção, alimentação, vigilância. Como tal descrição de gastos não é feita, essa situação coloca em risco as conquistas obtidas ao longo dos anos no campo do financiamento. não permitindo um acompanhamento rigoroso da política pública de educação para a EJA no que se refere ao financiamento.

A LEGISLAÇÃO PARA A EDUCAÇÃO DE JOVENS E ADULTOS AINDA É UMA ADAPTAÇÃO EMPOBRECIDA DA ESCOLA PARA CRIANÇAS E ADOLESCENTES?

Conforme indicamos neste capítulo, tivemos avanços e também retrocessos na EJA ao longo das últimas décadas. O Parecer n. 11/2000 avançou efetivamente ao definir as funções da EJA e declarar sua necessária independência das outras modalidades. Em 2021, retrocedemos ao ser concebida uma nova Diretriz Operacional que restabelece uma falsa simetria entre a educação de crianças e adolescentes e a EJA, além de supervalorizar a educação nesta modalidade.

Um exemplo da falsa simetria entre a EJA e a escola proposta para a educação de crianças e adolescentes que ainda permanece viva nas legislações recentes é a questão das cargas horárias para a EJA. Ainda se considera, em uma conta vazia em termos pedagógicos, que os cursos de EJA teriam a metade da duração dos cursos considerados "regulares". Assim, o ensino fundamental II, por exemplo, está organizado em 4 anos com 800 horas anuais de aulas e, portanto, acumula 3.200 horas. A Diretriz Operacional de 2021 determina que a jornada na EJA seja de 1.600 horas para o ensino fundamental II na EJA, ou seja, a metade. O mesmo ocorre com o ensino médio, que teria duração de 2.400 horas na escola regular e 1.200 horas na EJA.

Mas é necessário questionar esses números, pois como definir que a metade é o tempo ideal ou mínimo necessário? Por que não estabelecer uma outra métrica que não tenha como pressuposto uma lógica somente de aligeiramento dos cursos da modalidade em relação aos cursos pensados para crianças e adolescentes? Quais são afinal as aprendizagens necessárias para jovens e adultos e quanto tempo é o mínimo necessário para isso? A experiência tem mostrado que para muitos estudantes da EJA pode ser necessário um tempo bem mais estendido de frequência à escola e para outros é possível vencer etapas mais rapidamente, sendo desnecessário percorrer um processo com o número mínimo de horas estabelecidas, pois as aprendizagens que obteve ao longo da vida permitem um avanço mais rápido.

Da mesma forma, no que se refere ao financiamento, o padrão estabelecido é o valor proposto para o ensino fundamental. Mas como uma modalidade complexa, os gastos com a EJA podem ser muito específicos para lidar com contextos tão complexos e diversos. Seria necessário estabelecer um fator de ponderação que tivesse como base as necessidades de financiamento efetivas da EJA, e não somente uma equiparação com o ensino fundamental proposto para crianças e adolescentes.

Em 2023, novas perspectivas foram estabelecidas para a modalidade EJA com a recriação da Secadi, ou seja, a modalidade passou a ter no nível federal novamente uma instituição que possa propor políticas públicas específicas para a EJA. Com isso, reabriu-se também o espaço para a participação da sociedade civil na construção de uma política pública para a educação de jovens e adultos. No entanto, a oportunidade para a valorização da EJA precisa ser acompanhada de uma grande ampliação de recursos para a modalidade e também da proposição de uma legislação que compreenda as necessidades dos sujeitos que demanda a EJA. Para além disso, é preciso estimular a criação de currículos que façam sentido para jovens e adultos tão diversos que vivem em localidades com muitas particularidades espalhadas pelo território nacional.

Sugestões de leitura

Legislação da EJA

BRASIL. LDB: Lei de Diretrizes e Bases da Educação Nacional; Lei n. 9.394, de 20 de dezembro de 1996. Estabelece as diretrizes e bases da educação nacional. 5. ed. Brasília: Câmara dos Deputados, Coordenação Edições Câmara, 2010.

BRASIL. Conselho Nacional de Educação (CNE). Resolução n. 01/2021, de 25 de maio de 2021. Diretrizes Operacionais para a Educação de Jovens e Adultos. Disponível em: https://www.gov.br/mec/pt-br/media/acesso_informacacao/pdf/DiretrizesEJA.pdf. Acesso em 25 maio 2021.

BRASIL. Lei n. 14.113, de 25 de dezembro de 2020. Regulamenta o Fundo de Manutenção e Desenvolvimento da Educação Básica e de Valorização dos Profissionais da Educação (Fundeb). Disponível em: https://www.planalto.gov.br/ccivil_03/_ato2019-2022/2020/lei/l14113.htm. Acesso em 25 maio 2021.

BRASIL. Ministério da Educação. Parecer da CEB/CNE n. 11/2000, de 10 de maio de 2000. Diretrizes Curriculares Nacionais para a Educação de Jovens e Adultos. Brasília: MEC, Conselho Nacional de Educação, 2000.

BRASIL. Ministério da Educação. Parecer da CEB/CNE nº 23/2008 de 08 de outubro de 2008. Diretrizes Operacionais para a Educação de Jovens e Adultos. Brasília: MEC, Conselho Nacional de Educação, 2000.

BRASIL. Ministério da Educação. Resolução da CEB'/CNE nº 1/2000 de 05 de julho de 2000. Diretrizes Curriculares Nacionais para a Educação de Jovens e Adultos. Brasília: MEC, Conselho Nacional de Educação, 2000.

Artigos e livros

CATELLI JR, Roberto; HADDAD, Sérgio; RIBEIRO, Vera Masagão (orgs.). *A EJA em xeque:* desafios das políticas de Educação de Jovens e Adultos no século XXI. São Paulo: Global, 2014.
Conjunto de artigos resultante de pesquisa realizada pela ONG Ação Educativa com foco nas políticas públicas de EJA. Trata do financiamento da EJA, dos exames de certificação, do Projovem e de gênero e raça na EJA.

CATELLI JR., Roberto. O não-lugar da educação de jovens e adultos na BNCC. In: CATELLI JR; CÁSSIO, Fernando. *A educação é a base? 23 autores discutem a BNCC*. São Paulo: Ação Educativa, 2019. Disponível me: https://acaoeducativa.org.br/publicacoes/educacao-e-a-base-23-educadores-discutem-a-bncc/. Acesso em 25 maio 2021.
Artigo que trata da impossibilidade de considerar a BNCC como um documento curricular válido para a EJA.

DI PIERRO, Maria Clara. Notas sobre a redefinição da identidade e das políticas públicas de educação de jovens e adultos no Brasil. *Educação e Sociedade*, Campinas, v. 26, n. 92, p. 1115-1139, 2005. Disponível em: https://www.scielo.br/j/es/a/mbngdHjkWrYGVX96G7BWNRg/?format=pdf. Acesso em 25 maio 2021.
O artigo visa identificar temas e processos do campo das políticas públicas de educação de jovens e adultos no Brasil no momento em que foi produzido.

OLIVEIRA, Marta KHOL de. Ciclos de vida: algumas questões sobre a psicologia do adulto. *Educação e Pesquisa*, São Paulo, v. 30, n. 2, p. 211-229, maio/ago. 2004.
O artigo busca construir uma perspectiva particular acerca dos processos de aprendizagens dos adultos, diferenciando-os das formas de aprender da criança.

PINTO, José Marcelino de Rezende. As esperanças perdidas da educação de jovens e adultos com o Fundeb. *FINEDUCA – Revista de Financiamento da Educação*, v. 11, n. 14, 2021. Disponível em: https://seer.ufrgs.br/index.php/fineduca/article/view/111438. Acesso em 25 maio 2021.
Artigo que analisa a questão do financiamento da educação de jovens e adultos no Brasil por meio do Fundeb.

Uma pedagogia da heterogeneidade

Ainda prevalece em muitas salas de aula brasileiras, seja na modalidade EJA ou na educação para crianças e adolescentes, o gosto pelos estudantes enfileirados, atentos ao discurso do professor, como estratégia de trabalho pedagógico.

Esse modo de organizar a sala de aula tem como pressuposto alcançar a maior homogeneidade possível, ou seja, todos os estudantes devem estar em posição de atenção aos ensinamentos do professor que depois avaliará o quanto os estudantes conseguem "absorver" como esponjas o que foi ensinado por meio de uma avaliação objetiva.

Essa massa homogênea é tida como indiferenciada: não tem sentimentos, particularidades, diferenças sociais ou processos cognitivos e psicológicos individualizados. Todos devem aprender da mesma forma os conteúdos previstos pelo professor, possuidor dos conhecimentos acadêmicos que devem ser apreendidos pelos estudantes.

O insucesso dessa forma de conceber a escola é evidente. Ou melhor, essa escola será adequada àqueles poucos estudantes que, pelas suas características pessoais e sociais, se adaptam com menor dificuldade a esse modelo – aqueles considerados "regulares", "bons" ou "melhores" alunos. Todos os demais estão condenados ao fracasso, ou pior, à exclusão da escola. São os considerados popularmente no Brasil como "aqueles que não levam jeito para estudar", que "melhor seria trabalhar para ajudar a família", mesmo sendo, muitas vezes, ainda crianças. É evidente que grande parte das crianças e dos jovens excluídos são também os mais pobres, negros, que vivem nas periferias das cidades. Ou seja, há um recorte racial e de classe que acompanha essas propostas pedagógicas.

Autores como John Dewey, Célestin Freinet e Paulo Freire produziram importante críticas em relação à escola tradicional homogeneizadora e castradora do desenvolvimento das múltiplas potencialidades do indivíduo. Vale mencionar também a norte-americana bell hooks, que, inspirada em Paulo Freire, defende uma pedagogia crítica e engajada que permita desenvolver um pensamento crítico, valorizando a diversidade.

John Dewey (1859-1952)

Foi o criador da chamada Escola Nova. Ele defendeu uma educação que envolvesse a ação, e não apenas a passividade. Defendeu uma escola democrática e pragmática, que tivesse como foco as consequências práticas das aprendizagens construídas na escola. Em *Experiência e educação*, Dewey diz: "os métodos tradicionais premiavam a passividade e a aceitação, sendo a demonstração física dessa passividade e aceitação o aspecto mais valorizado como critério de premiação". Em oposição ao que ele denomina de escola tradicional, nesse mesmo livro, afirma: "Tudo o que possa ser considerado como matéria de estudo, seja aritmética, história, geografia ou qualquer uma das ciências naturais, deve derivar de materiais que, originalmente, pertençam ao escopo da experiência da vida cotidiana". Para Dewey, as aulas escolares deveriam basear-se em cinco etapas: apresentação de uma situação complexa; definição da natureza do problema; levantamento de hipóteses de solução; definição da melhor solução por meio da análise de dados e da consistência das ideias e verificação experimental da solução encontrada por meio de atividade de campo.

Célestin Freinet (1896-1966)

Educador francês que defendia a criação de uma escola popular e democrática. Para Freinet, a escola deveria ser um elemento ativo na promoção da mudança social, acolhendo crianças de diferentes classes sociais. Para ele, os estudantes deveriam sair da sala de aula e ir a campo, no entorno da escola, para observar a natureza e a vida social. Freinet denominava essa estratégia de aula-passeio. Ao retornar para a sala de aula, dever-se-ia organizar o que foi observado, podendo resultar na produção de textos. O essencial de sua proposta é que não basta conhecer o entorno, é preciso agir sobre ele para transformá-lo. Daí a importância do jornal escolar, ferramenta de comunicação que permitirá levar para a comunidade do entorno as reflexões produzidas pelos estudantes. O desenvolvimento da comunicação torna-se objetivo central do processo de aprendizagem.

bell hooks (1952-2021)

Nasceu em 1952 em Hopkinsville, no estado de Kentucky, nos Estados Unidos. Viveu sua infância e adolescência sob a marca de uma sociedade fortemente racista. Apesar disso, conseguiu chegar à universidade para estudar literatura inglesa em Stanford e seguir carreira acadêmica depois de concluir seu doutorado na Universidade da Califórnia. Sua obra está diretamente referenciada no pensamento de Paulo Freire e na perspectiva da construção de uma pedagogia que valorize a formação do pensamento crítico em uma proposta libertária. O diálogo acerca do racismo e suas formas de opressão e do feminismo estão no centro de sua obra. Considerava a educação essencial para que a superação da segregação racial e da dominação machista possam ocorrer em uma sociedade patriarcal.

Paulo Freire, importante referência para o desenvolvimento dessa reflexão, encetou várias pedagogias: do oprimido, da autonomia, da esperança, da pergunta, da indignação e da solidariedade. De maneira clara, criticou os processos verticalizados em que os estudantes não têm voz na sala de aula e não se colocam em diálogo suas experiências culturais como parte do processo de aprendizagem. Em uma passagem da obra *Pedagogia da autonomia* (1996), Freire questiona sobre o porquê de não se estabelecer uma relação estrita entre os saberes curriculares fundamentais e a experiência social de cada aluno.

Quando nos deparamos com a heterogeneidade, podemos nos perguntar como ensinar um mesmo programa, fazer a mesma avaliação e exigir os mesmos conhecimentos de um público tão diverso. Como preparar uma aula que faça sentido para sujeitos que têm histórias e trajetórias tão particulares? Como trabalhar com um jovem de 16 anos e uma pessoa de 70 anos na mesma sala? Como criar um programa de estudos para alunos que tiveram histórias de aprendizagens tão díspares, sendo que a seriação convencional não garante que eles estejam supostamente em um mesmo nível?

As respostas para essas perguntas não são fáceis, mas a questão pode ser menos complexa se mudarmos a chave de compreensão. Para tal, em vez de acreditar que a homogeneidade é um facilitador do processo pedagógico, podemos operar com o conceito de que a heterogeneidade é a expressão da riqueza que a diversidade cultural reúne, e, portanto, podemos fazer com que as propostas pedagógicas tenham como mola propulsora a própria heterogeneidade. Trata-se de valorizar as metodologias que permitirão colocar em confronto sujeitos heterogêneos que vão, juntos, trocar experiências e saberes como parte do processo de aprendizagem.

Em uma perspectiva freiriana, o diálogo é a base do que transforma a heterogeneidade em uma estratégia pedagógica, ou seja, a possibilidade de se constituir uma relação mais horizontal entre professores e estudantes para produzir um efetivo processo de comunicação e troca.

Na sala de aula, a diversidade só se realiza na medida em que se faz da valorização da heterogeneidade uma estratégia pedagógica, caso contrário, continuaremos a fazer discursos em favor da diversidade, mas mantendo as salas de aula sob a mordaça da homogeneidade, que é promotora quase natural da exclusão na escola.

OS ADULTOS SÃO "NÃO CRIANÇAS"

No livro *Jovens e adultos como sujeitos de conhecimento e aprendizagem*, Marta Khol de Oliveira analisa a especificidade da aprendizagem dos adultos definindo-os primeiramente pela condição de "não crianças". Ainda que pareça óbvio, é essencial que se marquem as diferenças significativas entre crianças, por um lado, e jovens e adultos, por outro, como sujeitos de aprendizagem. Na perspectiva da autora, não se trata apenas de uma especificidade etária, mas sim cultural.

Nesse sentido, é necessário considerar que o potencial demandante de uma escola de educação de jovens e adultos não é somente alguém que já possui idade mais elevada sem ter concluído os estudos básicos. Mais do que isso, o estudante da EJA é alguém que viveu um conjunto de experiências culturais ao longo de sua história, que podem incluir processos migratórios do campo para a cidade, experiências profissionais diversas e aprendizados adquiridos a partir de sua experiência de vida em comunidade. Portanto, um elemento comum entre esses sujeitos jovens e adultos é a condição de membros de determinados grupos culturais e a condição de excluídos da escola.

Não se deve tomar como parâmetro apenas as supostas etapas de desenvolvimento dos sujeitos baseadas em uma suposta progressão de desenvolvimento humano que tem como premissa critérios de caráter biológico que se iniciam na primeira infância e vão se transformando até a velhice. É necessário considerar que a maturação biológica não é suficiente para explicar as transformações vividas pelo conjunto dos sujeitos, não representando a totalidade do processo de desenvolvimento humano. É fundamental que se considerem também as circunstâncias e peculiaridades histórico-culturais em que os sujeitos estão envolvidos ao longo de sua vida.

Não se pode, por exemplo, imaginar que uma criança que tem a oportunidade de frequentar regularmente uma escola, desenvolvendo-se de uma maneira saudável, tenha a mesma evolução que uma outra criança que não pode frequentar uma escola e é submetida diariamente a duras condições de trabalho. O mesmo pode ocorrer com uma pessoa jovem ou adulta que vive sob diferentes condições sociais e contextos culturais.

OS SABERES DA EXPERIÊNCIA X SABERES ESCOLARES

John Dewey afirma que uma das grandes falácias pedagógicas é considerar que uma pessoa aprende o que está estudando na escola somente em um determinado momento. Para ele, as aprendizagens relacionadas com as experiências vividas poderiam ser muito mais significativas.

Tais experiências obtidas com base nas práticas cotidianas são, na maioria dos casos, negligenciadas pelas propostas escolares, que se limitam a avaliar as aprendizagens obtidas por meio dos conhecimentos escolares cujo formato de organizar e avaliar as aprendizagens é específico e se funda nos conhecimentos desenvolvidos pelas disciplinas escolares.

No caso do aprendizado da língua materna, Angela Kleiman, no artigo "EJA e o ensino da língua materna: relevância dos projetos de letramento", realiza importantes observações sobre os processos de aprendizagem na educação de jovens e adultos. Conforme a autora, o ensino da língua materna nos formatos escolares convencionais pode ser uma forma de opressão aos educandos, e não uma forma de ampliar seus conhecimentos. Para ela, o ensino da língua materna no contexto brasileiro é equivalente a um tratamento de aculturação efetivado na escola, que visa mudar a língua das minorias, com todos os conflitos linguístico-identitários que isso traz, e, desse modo, o papel ocupado pela língua do aluno é o da "língua baixa", "ilegítima", da "'não' língua".

Mas como ensinar a língua materna na escola sem provocar um processo de rebaixamento e perda da língua viva que não é a língua que se ensina na instituição? Kleiman propõe que se constituam na escola projetos de letramento que permitam que o ensino da escrita esteja vinculado ao universo social do estudante. Conforme Kleiman, no decorrer de um projeto, criam-se situações que permitem a percepção de que tanto o uso da escrita quanto o exercício da oralidade estão implicados em situações de legitimação do grupo, ou seja, evidencia-se a imbricação entre usos da linguagem e mudança social.

As reflexões de Kleiman acerca do ensino da língua materna e seu potencial para provocar mais opressão que aprendizagem permitem refletir sobre outros processos escolares em que os saberes baseados na experiência dos estudantes são ignorados e até mesmo considerados sem significado para as aprendizagens escolares. Poderíamos discorrer sobre os casos em que as histórias da comunidade são excluídas como conhecimento, como os saberes aprendidos e repassados ao longo de gerações sobre as formas de calcular, de analisar fenômenos naturais, os usos de ervas medicinais, enfim, conhecimentos ancestrais incorporados às trajetórias de vida desses sujeitos e que lhes possibilitam desenvolver importantes tarefas em seu cotidiano.

Podemos tomar como exemplo o caso de um pedreiro experiente que cotidianamente precisa fazer contas para saber quanto comprar de material para realizar um serviço em uma determinada área ou ter noções de geometria na hora de calcular uma área quadrada ou não. Não necessariamente este pedreiro precisará utilizar a forma escolar para resolver esses problemas, mas ele pode fazer isso com base em métodos que ele desenvolveu ou que aprendeu com sua família ou outras pessoas com quem trabalhou.

Experiências como essa estão na origem do que denominamos aqui de heterogeneidade, que se relaciona fortemente com a diversidade das experiências culturais presentes em uma sala de aula da educação de jovens e adultos. Cada estudante possui uma rica experiência de vida em diferentes campos, que pode ser reconhecida como saberes não escolares, mas que não estão necessariamente em oposição ou em conflito em relação aos saberes escolares.

Em um determinado projeto de estudo que envolva princípios de geometria, o pedreiro poderia levar à escola os conhecimentos que utiliza em sua prática profissional cotidiana. Essa seria uma forma de reconhecer os saberes desse sujeito como legítimos, além de permitir a ampliação de seus conhecimentos acrescentando métodos de resolução de problemas formulados a partir da cultura letrada que podem ajudar o pedreiro a melhorar sua forma de organizar as tarefas de trabalho.

Para além disso, tal forma de proceder na escola favorece o acréscimo de autoestima dos estudantes, pois, em vez de soterrarmos os conhecimentos que eles já possuem com base na experiência, validamos esses conhecimentos, mostrando-lhes que não são desprovidos de saberes, como muitas vezes os próprios estudantes acreditam ser e a escola faz questão de reafirmar.

Mas como a validação dos conhecimentos obtidos pela experiência pode ser parte de uma proposta que tenha a heterogeneidade como constitutiva de uma proposta pedagógica? Um exemplo prático: uma senhora de 65 anos tem muita dificuldade com o computador e com o uso de plataformas na internet. Um garoto de 18 anos, por sua vez, é extremamente rápido para realizar tarefas nos meios digitais. Já a senhora de 65 anos tem um grande conhecimento prático de medidas devido a seu trabalho como costureira. Ou seja, apesar da diferença de idade, ambos têm o que ensinar um ao outro, mas não apenas no sentido de um complementar o outro. Não é que o garoto deva fazer os trabalhos no computador e a senhora fazer trabalhos que envolvam medidas. A proposta é que com a mediação do professor, esses estudantes possam ambos aprender com base em suas experiências e nos conhecimentos escolares que estão adquirindo. Existe uma riqueza em compartilhar conhecimentos entre estudantes em um projeto de trabalho proposto pelo professor. Mas não se trata apenas de compartilharem ou estudarem juntos os conhecimentos escolares. Eles devem aproveitar seus conhecimentos baseados em suas experiências culturais para resolverem problemas na escola e na vida.

Em diferentes países, buscou-se criar processos avaliativos de reconhecimento e certificação de saberes de jovens e adultos. As propostas de criação de sistemas de certificação caminham na perspectiva da construção de um sistema flexível, em que os conhecimentos adquiridos por via formal, informal e não formal são legitimados pelo Estado, apoiado na defesa de uma educação ao longo de toda a vida, isto é, em qualquer tempo e de qualquer forma, seja no âmbito acadêmico, pessoal ou profissional.

Em Portugal, por exemplo, foi criado o sistema de Reconhecimento, Validação e Certificação de Competências (RVCC), no âmbito do qual foram organizados os cursos de Educação e Formação de Adultos (EFA). Esses cursos eram oferecidos em centros públicos ou privados de educação, cooperativas ou centros de formação profissional. A partir de 2005, foi criada uma rede de cerca de 500 Centros de Novas Oportunidades, onde pessoas maiores de 18 anos com uma mínima experiência profissional de três anos podem realizar a acreditação de suas aprendizagens prévias, frequentar os cursos de formação e receber orientação profissional.

Ainda com relação ao RVCC, foi realizada uma avaliação do programa entre 2009 e 2010, que indicou que ele foi uma alternativa aos jovens e adultos que não podiam ou não desejavam frequentar uma escola regular convencional. No RVCC não há aulas formais nem horários rígidos, sendo esse um atrativo para o público que procura a instituição.

No Brasil também existe a possibilidade de promover o reconhecimento de saberes e competências no âmbito profissional por meio da Rede Nacional de Certificação Profissional (Rede Certific), instituído em 2009 por meio de uma portaria interministerial que permite o reconhecimento de saberes obtidos em processos formais e não formais, tanto com base na sua experiência de vida como profissional. Os certificados obtidos têm validade para fins profissionais e também de continuidade dos estudos. Para participar, o candidato deve ter pelo menos 18 anos e fazer a inscrição para o processo de certificação de saberes em uma instituição conveniada à Rede Certific. Deverá realizar entrevistas e preencher questionário para estabelecer o histórico educacional e profissional do candidato. Com base neste histórico, o candidato é indicado para a realização de avaliação de saberes ou ainda se sugere a continuidade dos estudos em nível básico ou técnico. Caso o candidato escolha realizar a avaliação de certificação, ele deverá passar por avaliação teórico-prática de saberes, avaliação escrita para a certificação técnica de nível médio e avaliação para certificação docente. Uma vez aprovado nas avaliações, dependendo de seu desempenho, pode receber os diplomas de técnico de nível médio, tecnólogo ou licenciado em educação profissional, que lhe permite atuar como docente.

CRONOLOGIAS DA APRENDIZAGEM

Uma preciosa conferência da educadora argentina Flávia Terigi traz uma dimensão fundamental da aprendizagem a ser enfrentada: as diferentes cronologias de aprendizagem existentes em uma mesma sala de aula. Tal perspectiva tem direta conexão com o sentido da valorização da heterogeneidade como estratégia pedagógica que estamos discutindo neste capítulo.

Nas propostas pedagógicas que se podem definir como homogeneizantes, o ritmo tem um caráter fundamental até mesmo no processo avaliativo. Todos os estudantes devem seguir no mesmo ritmo, como um compasso que marca o ritmo da música. Este é, pelo menos, o desejo do professor, que, claro, pode tirar dúvidas, explicar novamente, com o objetivo de que, ao fim do processo, todos cheguem ao mesmo tempo em um ritmo o mais sincronizado possível. Um estudante que tem um ritmo que se julga lento pode ser considerado alguém com dificuldades para além do desejável ou com problemas para aprender. As provas avaliativas são a comprovação do sentido da educação homogeneizadora. As provas, assim como as aulas, têm um tempo definido de execução. Se uma aula tem duração de 50 minutos, supõe-se que há um conteúdo que deve ser aprendido nesse tempo por todos e todas as estudantes. Da mesma forma, um estudante precisa demonstrar seus conhecimentos no mesmo tempo determinado, ignorando as particularidades de organização do pensamento, método de resolução e aspectos emocionais de cada um dos respondentes. Pode-se perguntar se estamos avaliando conhecimentos ou se avaliamos a capacidade de demonstrar conhecimentos em um determinado tempo, que parece ser o que ocorre na prática. Cabe ao professor decidir quantas questões serão apresentadas, sua complexidade e o tempo disponível para serem respondidas. O professor acaba por ser como um senhor do tempo nos processos avaliativos. Existe uma falsa simetria e ilusão de que a mesma oportunidade está sendo dada para todos. Mas é ilusório, pois as pessoas não são iguais. Como medir com a mesma régua aqueles que não têm a medida?

Flávia Terigi, como já mencionado, defende que existe uma trajetória teórica na escola de crianças e adolescentes que define a existência de um tempo certo para iniciar, um certo tempo de permanência e o avanço de uma série por ano para poder aprender. Trata-se, segundo ela, de um *design* do sistema, um modelo que certamente não se verifica de maneira automática na prática.

A autora coloca em questão o que denomina de aprendizagem monocrônica, que segue o mesmo ritmo para todos. Terigi diz que, na mesma direção que indicamos nas linhas anteriores, a escola frequentemente desconsidera o fato de que os estudantes não aprendem só nos bancos escolares, que as trajetórias são marcadas por inúmeras aprendizagens extraescolares. Somente esse aspecto já é suficiente para a autora para afirmar que os processos de ensino monocrômicos são sempre limitados, uma vez que não reconhecem esta diversidade em sala de aula. Ela se refere ao princípio da simultaneidade que propõe que os ensinos devem ser iguais para todos e, uma vez que todos são ensinados do mesmo modo, todos aprendem as mesmas coisas ao mesmo tempo – algo difícil de ser rompido por ser o ideal fundacional da escola moderna.

Em oposição a esse conceito de monocronia, Terigi formula o conceito de cronologias de aprendizagem, que é a realização de processos pedagógicos com múltiplas etapas de aquisição do conhecimento. Para que isso possa ocorrer, propõe um conjunto de estratégias a serem utilizadas em sala de aula. A primeira delas é o trabalho com eixos temáticos que permitam aos estudantes trabalharem um mesmo tema, mas que admitam diferentes níveis de aprendizagem. Propõe também a criação de um repertório de atividades diferentes, que possam ser utilizadas em sala de aula considerando o processo de aprendizagem dos estudantes. Nesse sentido, é fundamental a construção de um repertório amplo de atividades elaboradas por um grupo diverso de professores para que haja um banco de propostas pedagógicas a serem utilizadas – e atualizadas – dependendo do contexto de uso (quais estudantes, quais tópicos de aprendizagem etc.).

A autora propõe também a realização do trabalho entre pares. Terigi afirma que a colaboração entre colegas é uma importante estratégia, sendo muito valiosa para aqueles estudantes que estão aprendendo mais lentamente que outros. A autora indica ainda que aqueles que já sabem mais também aprendem mais ao ensinar, pois refinam sua compreensão. Ao ter que ensinar, ao comunicar para o outro, acabam por revisar e ampliar o que já aprenderam.

Uma outra proposta da autora é o reagrupamento regular dos estudantes. Pergunta-se por que os grupos devem permanecer intactos durante todo o período letivo se verificamos que rearranjos periódicos podem trazer uma nova organização que favoreça o trabalho em um projeto ou estudantes com determinados níveis de aprendizagem. Esta poderia ser uma importante tarefa dos conselhos de classe: definir em que medida seria proveitoso para determinados grupos de estudantes agrupamentos e projetos a serem desenvolvidos por um certo período, com finalidades diversas, no âmbito da proposta curricular e das necessidades de aprendizagem dos estudantes. Nas escolas, em geral, os conselhos de classe são subaproveitados. Especialmente nas escolas de EJA, eles poderiam ter um papel bastante ativo para definir estratégias de encaminhamento dos estudantes que vivem situações diversas e podem seguir caminhos menos lineares para concluir sua escolarização. Com apoio do grupo de educadores e gestores, realizariam deliberações sobre os melhores caminhos a serem seguidos pelo estudante em seu processo formativo.

Tais ideias fazem muito sentido para a educação de jovens e adultos, tão marcada pela diversidade de sujeitos e histórias culturais em uma mesma sala de aula. No entanto, não se trata de copiar modelos, mas de inventá-los, fugindo daqueles que somente respondem a exigências burocráticas que pouco respondem às demandas e necessidades reais dos estudantes.

Mas o que Terige especialmente nos invoca é a pensar na superação de um modelo monocrônico que parece se relacionar com uma escola do passado, não está atenta ao sentido que a diversidade e as aprendizagens não formais alcançam no século XXI. Para mudar, no entanto, é preciso criatividade na construção de estratégias que possam atingir os diversos sujeitos que convivem e aprendem juntos em uma comunidade escolar.

PEDAGOGIA CRÍTICA E AUTOESTIMA

Paulo Freire é considerado um dos grandes fundadores da pedagogia crítica, com seu método de pensar a educação como parte do processo de construção de um mundo socialmente justo, rompendo com os mecanismos que fazem com que a desigualdade social seja perpetuada e a dignidade humana impedida. Esse é um dos sentidos da emancipação dos sujeitos que tanto Freire menciona. Trata-se da possibilidade de constituir um pensamento libertário, crítico, que rompa as barreiras ideológicas que impedem o reconhecimento do real sentido e das formas de perpetuação da desigualdade social.

Para Henry Giroux e Peter Mclaren, importantes teóricos da pedagogia crítica, a escola deve ser vista como espaço no qual a contestação se torna possível. A educação deve permitir e criar condições para que os estudantes se vejam como sujeitos históricos capazes de desenvolver práticas que derrubem a lógica da dominação vigente dentro e fora das escolas.

A filósofa bell hooks, em seu livro *Ensinando pensamento crítico*, amplia o conceito de pedagogia crítica no século XXI ao colocar foco no tema da diversidade e considerar, em uma perspectiva decolonial, que a "pedagogia crítica abrange todas as áreas de estudo cujo objetivo é compensar os preconceitos que têm informado os modos de ensinar e de saber em nossa sociedade desde a abertura da primeira escola pública".

Na perspectiva dessa obra, a pedagogia crítica é peça constitutiva do que estamos denominando como pedagogia da heterogeneidade.

Ao estabelecer uma proposta que considera a diversidade elemento central para a definição de estratégias pedagógicas e para o desenvolvimento de aprendizagem, precisamos também ter em conta a necessária emancipação do indivíduo e da sociedade para que se possa de fato constituir uma sociedade na qual a igualdade de direitos impere. Nos termos freirianos, a emancipação significa libertar-se das ideologias que não permitem que o sujeito perceba com clareza as amarras que lhe são colocadas.

Na visão de Freire, os estudantes precisam reconhecer o que lhes oprime para então tomarem suas próprias decisões sobre o caminho que desejam seguir, e não apenas reproduzir ideias prontas que lhe foram impostas em um modelo de educação bancária. Esse é o sentido da autonomia e o caminho para a emancipação dos indivíduos e povos, ou seja, ter autonomia significa pensar por si mesmo e fazer suas próprias escolhas com base na leitura crítica do mundo.

No século XXI, vivemos em um contexto marcado pela crise das instituições democráticas acelerada pela ação devastadora da concentração de riqueza e pela presença destrutiva das *fake news* em escala até então desconhecida nas plataformas monetizadas. Isso tudo sufoca qualquer forma de expressão crítica e autônoma em nome do que se pode faturar com a divulgação de informações que pretendem, antes de tudo, manipular opiniões em nome de interesses diversos. Vivemos em uma sociedade que pode transformar as diferenças, que seriam base para o diálogo, em atos de violência e em estratégia de criminalização do pensamento crítico. Nesse sentido, no contexto contemporâneo, é crucial que o desenvolvimento do pensamento crítico seja parte constitutiva das propostas pedagógicas no século XXI.

Freire, em carta dirigida aos professores, define o lugar da crítica na escola ao afirmar: "Enquanto preparação do sujeito para aprender, estudar é, em primeiro lugar, um que-fazer crítico, criador, recriador, não importa que eu nele me engaje através da leitura de um texto que trata ou discute um certo conteúdo que me foi proposto pela escola ou se o realizo partindo de uma reflexão".

A autoestima

Problematizar a questão da autoestima é central na educação de jovens e adultos, uma vez que seus estudantes são, em grande parte, as pessoas mais pobres da sociedade, aquelas que foram excluídas e alijadas do direito à educação. Como já mencionamos, são aqueles que tiveram experiências traumáticas com a escola e foram empurrados para fora dos bancos escolares com o estigma de que não conseguiam ou não tinham o direito de continuar na escola. Por motivos diversos como o trabalho, o cuidado com a família ou devido ao preconceito em relação à sua identidade de gênero.

Para esse estudante, ter vivido um trauma é razão suficiente para não querer retornar à escola e ter que se deparar com este passado. Mas o problema é que essa prática opressora não se restringe ao passado distante da infância, pois ao longo da vida, sistematicamente, muitas dessas pessoas são ainda depreciadas em suas tarefas profissionais, na relação com os patrões, com aqueles de maior poder aquisitivo e com pessoas mais letradas. Acrescente-se a isso a interseção entre raça e classe, pois grande parte da população demandante da EJA no Brasil é negra. Ao longo de séculos, os negros vêm sendo colocados em uma situação de bloqueio de seus direitos para que se garantam muitos privilégios da elite letrada e branca. Tal processo não alcançou seus limites com o fim da escravidão legal em 1888, pois novas formas de dominação se constituíram, perpetuando o privilégio branco no século XXI.

Como podem então os educadores receber estes estudantes na escola sem que se trabalhe sua autoestima? Como fazer este estudante reconhecer que é detentor de conhecimentos? Como admitir que possui direitos e que a emancipação é possível desde que se lute pela transformação das condições que o oprimem?

No livro *Ensinando pensamento crítico*, bell hooks define a autoestima como

> a confiança em nossa habilidade de pensar, confiança em nossa habilidade de lidar com os desafios da vida e confiança em nosso direito de sermos bem-sucedidos e felizes, o sentimento de ter valor,

de merecer, de ter direito a afirmar nossas necessidades e desejos, alcançar nossos valores e aproveitar os frutos de nossos esforços.

Trata-se de uma definição complexa e exigente, pois sabemos que grande parte da população pobre e oprimida de diferentes lugares do mundo foi levada a acreditar que não é merecedora, que não tem valor e não é portadora de direitos.

Mas como um professor pode colaborar com a autoestima desses estudantes, para o favorecimento do processo de aprendizagem e construção de um pensamento crítico? Para bell hooks, é necessário investir no crescimento psicológico dos alunos. Os professores precisam compreender que o mau desempenho de muitos estudantes pode se relacionar com a baixa autoestima, e não somente com aspectos conceituais. Para a autora, os professores devem evidenciar o potencial dos estudantes, valorizando e reconhecendo suas habilidades. Isso deve ser feito, segundo hooks, não com elogios vazios, mas incentivando o estudante a trabalhar a partir dessas habilidades, o que vai colaborar para o crescimento da confiança em si mesmo. É nesse processo que o professor pode contribuir para a construção de uma autoestima saudável. A autora ainda sugere:

> Em minha sala de aula, trabalho para ensinar os estudantes a como avaliar o próprio progresso, para que eles não trabalhem com a finalidade de me agradar e obter notas boas. Eles são empoderados quando trabalham de maneira a reconhecer que são responsáveis pela nota que recebem. Esse empoderamento reforça uma autoestima saudável.

Propostas muito simples podem ter significativo impacto na autoestima. Lembro-me de uma escola especializada na educação de jovens e adultos que recebia muitos estudantes vindos de uma história de marginalização social. No primeiro dia de aula, ela promovia uma recepção especial: era servido um saboroso lanche, os estudantes eram recebidos na porta pela direção e pelos professores, que cumprimentavam cada um. Neste dia já se deixava claro que as portas da direção e coordenação da escola estavam abertas, que, naquela escola, eles eram sujeitos de direitos.

Em outra escola, os estudantes iniciavam o semestre sendo convidados a fazer apresentações para a turma sobre os aprendizados que tiveram ao longo da vida, sobre aquilo de que mais se orgulhavam em saber fazer e partilhar com os demais. Ser, naquele dia, quem detém conhecimento e ensina.

Pequenas doses diárias de autoestima podem fazer com que seja restituída as essas pessoas a possibilidade de acreditar que têm direito de ser felizes e a confiança na sua capacidade de aprender e tomar decisões. Sem isso, não há pensamento crítico possível, pois este não é um conteúdo bancário que se deposita no estudante, é uma forma de se constituir no mundo vivido, acreditando que mudar é possível.

A HETEROGENEIDADE COMO ESTRATÉGIA PEDAGÓGICA: EM SÍNTESE

Ao longo deste capítulo, nos referimos a obras de educadores que buscaram propor transformações nos processos educativos com foco na construção de uma perspectiva crítica e inovadora dos modos de conceber o trabalho realizado em sala de aula.

Aproveitamos essas ideias para tecer o que denominamos aqui de pedagogia da heterogeneidade: um conjunto de ideias e práticas para nortear o trabalho escolar com foco na valorização da diversidade como riqueza para a criação de propostas pedagógicas.

O primeiro elemento que consideramos importante é a mirada dos estudantes da EJA como "não crianças", pois são jovens e adultos que, para além de uma especificidade apenas etária, possuem uma importante especificidade cultural que não pode ser desconhecida ou ignorada pelos educadores. A história cultural dos estudantes revela toda a diversidade e potencialidade presente na sala de aula no âmbito da diversidade. Promover conversas em que apareçam elementos dessa história, propor apresentações com aquilo que os estudantes consideram aprendizagens obtidas ao longo de sua vida ou ainda realizar questionários para levantar dados sobre suas experiências são formas de planejar o trabalho a ser proposto respeitando a riqueza e diversidade do grupo.

Este processo já coloca em evidência outro aspecto levantado no capítulo: a necessidade de incorporar os saberes aprendidos com base na experiência como parte das aprendizagens a serem compartilhadas com todo o grupo. Trata-se de explorar a riqueza que a diversidade constitui.

Um terceiro elemento é a necessidade de romper com a monocromia no que se refere às estratégias e expectativas de aprendizagem dos estudantes. Trata-se de construir diferentes percursos em uma mesma sala de aula. Isso pode ocorrer com o apoio dos próprios estudantes, que podem trabalhar em duplas ou grupos. Há ainda a possibilidade de criar reagrupamentos na escola para a realização de projetos específicos.

Todas essas formas de propor o trabalho pedagógico precisam ser acompanhadas de uma perspectiva crítica, pois um dos objetivos centrais é investir na emancipação e construção da autonomia destes sujeitos, afinal, o pensar por si próprio e ser capaz de tomar decisões é essencial para que a diversidade possa se impor sem que o peso da opressão às diferenças ganhe força na escola. Afinal, em uma perspectiva homogeneizadora, um dos princípios que podem viger é o da padronização de comportamentos, já expressa nos estudantes uniformizados. Em escolas tradicionais, até os dias atuais, existe a vigilância sobre o tamanho e corte dos cabelos, adereços utilizados, enfim, uma padronização que atinge também os corpos.

Um último aspecto, relacionado à pedagogia crítica, é a constante preocupação com a valorização da autoestima dos estudantes, pois só assim poderão ter a confiança necessária para se afirmar em meio à diversidade. Em uma sociedade que historicamente oprime as diferenças, uma escola que se pretenda libertária precisa colocar o resgate da autoestima como uma tarefa planejada e intencional realizada pelo conjunto do corpo docente, incluindo-se também o conjunto de trabalhadores escolares, como equipe de coordenação, direção e de apoio pedagógico.

Esse pequeno conjunto de ideias não é suficiente em si para definir uma pedagogia da heterogeneidade. Considero que sejam alguns pilares que podem contribuir para que muitos outros educadores repensem sua perspectiva e façam uso da sua criatividade para estabelecer novos marcos de uma pedagogia que coloca a diversidade como elemento constitutivo de uma escola democrática.

Sugestões de leitura

FREIRE Paulo. *Pedagogia do oprimido*. 84. ed. São Paulo: Paz&Terra, 2019.

Publicado pela primeira vez em 1968, seus mais de 50 anos de existência não fizeram a obra envelhecer. Possui dezenas de edições em língua portuguesa e dezenas de edições em outras línguas. A pedagogia do oprimido denuncia uma educação que serve ao opressor, que mantém os oprimidos em um lugar subalterno impedindo sua libertação. Este livro realiza a crítica ao que denomina de educação bancária, aquela que apenas deposita conhecimentos nos estudantes sem permitir que se dê em uma perspectiva crítica e emancipadora.

HOOKS, bell. *Ensinando pensamento crítico*. São Paulo: Elefante, 2020.

Reúne 32 ensinamentos relacionados ao que denomina de pensamento crítico, tendo como base sua experiência como educadora e o enfrentamento das questões raciais no contexto em que atuava.

KLEIMAN, Ângela. EJA e o ensino da língua materna: relevância dos projetos de letramento. *EJA em Debate*, Florianópolis, v. 1, n. 1. nov. 2012. Disponível em: http://incubadora.periodicos.ifsc.edu.br/index.php/EJA/article/view/322/pdf. Acesso em: 25 abr. 2024.

Analisa as formas de organização do ensino de língua materna e suas possíveis consequências para os estudantes da educação de jovens e adultos. Revela o caráter opressor que o ensino da língua materna pode ter para esse público e propõe o desenvolvimento de projetos de letramento como estratégia alternativa.

OLIVEIRA, Marta Khol de. Jovens e adultos como sujeitos de conhecimento e aprendizagem. MEC/Unesco. Educação como exercício de diversidade. Brasília: Unesco/MEC, Anped, 2005 (Coleção educação para todos; 6). Disponível em: http://portal.mec.gov.br/index.php?option=com_docman&view=download&alias=647-vol7div-pdf&Itemid=30192. Acesso em: 25 abr. 2024.

Coloca em perspectiva a especificidade cultural dos adultos como sujeitos de aprendizagem, realizando a crítica às perspectivas no campo da pedagogia e da psicologia que sobrevalorizam os aspectos biológicos em relação aos aspectos socioculturais.

TERIGI, Flávia. As cronologias de aprendizagem: um conceito para pensar as trajetórias escolares. *Conferência da Jornada de abertura do ciclo letivo de 2010*. Ministério de Cultura e Educação, Governo de La Pampa. Disponível em: https://cfvila.com.br/image/catalog/pdf/2018/Viagens/Tx.%20Cronologias%20de%20Aprendizagem..pdf. Acesso em: 25 abr. 2024.

Conferência proferida pela pedagoga argentina, na qual questiona as formas de ensino que denomina como monocrômicas. A autora propõe estratégias para romper com esse modelo e desenvolver o que chama de cronologias de aprendizagem.

Educar jovens e adultos não é o mesmo que educar crianças

Já vimos nos capítulos anteriores a necessidade de construir propostas curriculares específicas para a educação de jovens considerando a condição de "não crianças" e toda a especificidade dos sujeitos demandantes, para os quais é necessário desenvolver uma pedagogia da heterogeneidade.

Um primeiro passo fundamental para construir uma EJA que faça sentido e caiba na vida de pessoas jovens e adultas é romper com as propostas curriculares pensadas para crianças e adolescentes. Isso envolve repensar desde procedimentos de matrícula e formação docente até instalações físicas, materiais didáticos ou metodologia de ensino, de modo a possibilitar que esses sujeitos construam suas próprias trajetórias de educação formal, condizentes com suas demandas e seus contextos. Vale mencionar que o currículo deve ser uma proposta sintonizada com o mundo vivido, que não pode prescindir dos sujeitos que o colocarão em prática. Voltar para a escola não deveria ser um retorno ao que não foi realizado na infância, mas sim a continuidade de processos formativos que podem ter caminhos novos a qualquer tempo da vida.

A seguir, detalho alguns dos elementos que caracterizam as especificidades da EJA e indicam caminhos para se pensar uma proposta curricular para a modalidade.

ASPECTOS ESSENCIAIS PARA A CONSTRUÇÃO DE UMA PROPOSTA CURRICULAR PARA A EDUCAÇÃO DE JOVENS E ADULTOS

Acolhimento como estratégia pedagógica

Já nos referimos no primeiro capítulo ao acolhimento, que entendemos como a ampliação da capacidade de escuta, do diálogo sobre as situações de vida dos estudantes e das questões de aprendizagem. Esse acolhimento é necessário para que a escola possa se transformar em um lugar protegido e um ambiente em que se deseja estar e retornar, e também para promover a socialização e interação entre os colegas.

Em um conjunto de entrevistas realizadas com estudantes da EJA do Colégio Santa Cruz (São Paulo-SP), identifica-se o perfil de estudantes que foram excluídos da escola. Muitos dos entrevistados deixaram a escola porque tiveram que trabalhar e ajudar a família para obter o sustento. Passaram muitos anos sem estudar e, quando retornaram, tinham enorme receio de não conseguir aprender, de não conseguir ler e escrever, de sentirem-se inferiorizados ou fracassados por limitações que julgavam ter. Um dos estudantes afirmou que seu desejo era "estudar, aprender, ler e escrever para amanhã ter uma dignidade melhor". Ao comentar sobre seu processo de aprendizagem, uma estudante afirmou: "Qualquer coisa que te coloca numa situação de cobrança, ou que você se sente que alguém vai te cobrar alguma coisa, você se fecha".

Por isso, na EJA, o acolhimento tem que ser visto como uma estratégia pedagógica que permite o desenvolvimento da aprendizagem. Sem ela, o risco de estudantes abandonarem o curso ou não conseguirem aprender é muito maior. Além disso, o acolhimento se coloca como uma premissa da construção de uma relação pessoal na escola que valorize e estimule a presença da diversidade, pois se trata de dar voz para os estudantes, de permitir o acesso destes aos educadores e à gestão de modo mais horizontal, e faz do diálogo um importante caminho para a construção dos processos pedagógicos. No Centro Integral de Educação de Jovens e Adultos (Cieja) Paulo Vanzolini, escola dedicada integralmente à modalidade localizada na região central de São Paulo, as gestoras definem que faz parte do seu projeto político-pedagógico: "acolher e cuidar: da chegada, da matrícula, do currículo construído, dos espaços cuidadosamente limpos e encerados, das atividades pedagógicas, das questões fragilizadas de saúde e higiene, da solidão, dos medos, das situações propostas em cada momento".

Para promover o acolhimento, muitos gestos e atitudes aparentemente simples podem ter grande valor. Cumprimentar aos estudantes que chegam, esperá-los na porta da escola, oferecer apoio, saber escutar e estar atento para as situações em que pode ser necessário uma maior proximida a este estudante para valorizar sua permanência na escola.

Valorização da diversidade e das experiências de vida

Os estudantes demandantes da EJA são aqueles que por alguma razão foram excluídos da escola e tiveram seu direito educativo de alguma forma cerceado. A exclusão deste grupo se relaciona também com razões econômicas, sociais e culturais. Os demandantes da EJA são os cidadãos mais pobres do país, pessoas que muitas vezes tiveram de deixar a escola para trabalhar ou ainda pessoas negras ou do grupo LGBTQIA+ que sofreram preconceito na escola e acabaram por abandoná-la. Há também as mulheres adolescentes que engravidaram e não conseguiram concluir a escola porque tiveram que cuidar dos filhos, jovens que foram encarcerados e não conseguiram frequentar uma instituição de ensino, migrantes e refugiados que chegam ao país e buscam uma formação, populações rurais e ribeirinhas que não conseguiram conciliar a especificidade da vida do campo com a forma de organização da escola, enfim, estes são exemplos de alguns grupos que compõem a diversidade na EJA.

A pergunta central que se coloca para quem atua na modalidade é como construir propostas pedagógicas em meio a tanta diversidade. Já indicamos em capítulo anterior a necessidade de criar uma pedagogia da heterogeneidade com foco na valorização da diversidade. Para isso, é essencial reconhecer as aprendizagens que este grupo traz a partir de suas experiências de vida, seja no campo profissional, pessoal ou das aprendizagens que teve por meio da escola ou fora dela. Existe um saber construído por essas pessoas que precisa ser reconhecido e valorizado, para que saibam que são detentoras de saber e que esses conhecimentos podem efetivamente contribuir para os processos de aprendizagem. Essas ações fazem com que os estudantes se vejam como sujeitos da construção de conhecimentos e acreditem poder realizar contribuições para beneficiar as aprendizagens do coletivo de estudantes. Assim, os estudantes podem compreender que também têm o que ensinar, ao mesmo tempo que podem ressignificar seus conhecimentos por meio da experiência escolar.

Construir uma EJA que estabeleça seus processos pedagógicos, considerando quem são esses sujeitos, implica pensar sobre as possibilidades de transformar a escola em uma instituição aberta que:

- valorize interesses, conhecimentos e expectativas dos estudantes;
- favoreça sua participação nas decisões coletivas da escola, exercitando as práticas democráticas e de tomada de decisões;
- respeite seus direitos em práticas e não somente em enunciados de programas e conteúdos;
- motive, mobilize e desenvolva conhecimentos que partam da vida desses sujeitos;
- demonstre interesse por eles como cidadãos, e não somente como objetos de aprendizagem.

A escola, sem dúvida, terá mais sucesso como instituição flexível, com novos modelos de avaliação e sistemas de convivência, que considerem a diversidade da condição do estudante da EJA, atendendo às dimensões do desenvolvimento, acompanhando e facilitando um projeto de vida e desenvolvendo o sentido de pertencimento. Para tanto,

Educar jovens e adultos não é o mesmo que educar crianças

é essencial que os processos de construção de propostas pedagógicas procurem conhecer as diferentes formas de atendimento da EJA, seus sujeitos, cotidianos e, fundamentalmente, pensar as possibilidades de um dia a dia mais promissor para todos aqueles que encontram nessa modalidade educativa, muitas vezes, a última chance de escolarização.

Turnos e cargas horárias

A maioria das escolas da modalidade EJA oferecem cursos no período noturno, uma vez que, geralmente, os cursos para crianças e adolescentes são no período da manhã e tarde. Vale lembrar, entretanto, que existe uma redução significativa de escolas públicas que oferecem cursos de EJA. Entre 2012 e 2022 houve uma redução de 28% no número de estabelecimentos que ofereciam EJA, conforme o Censo Escolar. Isso significa o fechamento das portas para a modalidade em cerca de 9 mil escolas. Limitar a EJA ao período noturno parte também da compreensão equivocada de que se trata de um curso somente para trabalhadores. Hoje, no Brasil, dezenas de milhões de pessoas trabalham no período noturno e precisariam frequentar a escola no período diurno. Para além disso, existem muitos pais, especialmente as mães, que poderiam frequentar a escola no período em que os filhos estão estudando. Há também as dificuldades com o transporte e a violência urbana no período noturno, o que pode levar muitas pessoas com disponibilidade a preferir estudar no período diurno. Com isso, coloca-se a necessidade de cada vez mais as redes disponibilizarem horários diversificados, Para isso, é preciso escolas específicas da EJA, que não ofereçam cursos para crianças e adolescentes. Em São Paulo, os Centros Integrais de Educação de Jovens e Adultos (Cieja) oferecem até 6 turnos diários de 2h15 cada, ou seja, possibilita que toda a diversidade da EJA seja atendida.

Com relação às cargas horárias, existe uma definição construída nas Diretrizes Operacionais de EJA (Resolução n. 01/2021), que indica que as turmas de EJA dos anos iniciais do ensino fundamental deveriam ter carga horária mínima de 300 horas de curso; nos anos finais do ensino fundamental, o total será de 1.600 horas, e o ensino médio inteiro com 1.200 horas para que se possa certificar o estudante. Qual a base legal para essas definições? Trata-se ainda de uma visão herdada da proposta de cursos supletivos em que se considerava que a jornada da EJA corresponderia à metade daquela definida para a escola de crianças e adolescentes. Esta simetria foi mantida para as séries finais do ensino fundamental e para o ensino médio. Entretanto, trata-se de uma perspectiva simplificadora da EJA, que o entende como um curso aligeirado para que jovens e adultos concluam a educação básica. Não leva em consideração a especificidade da modalidade, sem uma referência pertinente aos demandantes da EJA. Apenas nas séries iniciais do ensino fundamental não há a preocupação com essa simetria, uma vez que o foco dessa etapa está voltado à alfabetização, ou seja, o objetivo maior nessa etapa é que os estudantes se alfabetizem para que possam prosseguir na etapa seguinte do ensino fundamental.

Isso cria muitas distorções. Por exemplo: grande parte das escolas organizam cursos com 4 horas diárias ao longo de 100 dias letivos, totalizando 4 semestres de curso no ensino fundamental e 3 semestres no ensino médio para totalizar as 1.600 horas para o ensino fundamental II e 1.200 horas para o ensino médio, ou seja, cada série do formato criado para crianças e adolescentes é dividida ao meio, fazendo com que o curso dado em um ano seja ministrado em um semestre. Qual o problema disso? Para muitos jovens e adultos manter a frequência de 4 horas diárias em uma escola é uma tarefa quase impossível. Basta fazer a conta tendo como base a rotina que conhecemos de muitos trabalhadores brasileiros:

Trabalho	8 horas
Transporte	3 horas
Casa/Família	2 horas
Escola	4 horas
Refeições	2 horas
TOTAL	**19 horas**

Nessa conta, bastante otimista, restam apenas 5 horas de sono por dia para esse estudante, sem contar que ainda existem todos os imprevistos da vida que exigem tempo para solucionar. Com isso, o número de faltas em uma escola de EJA torna-se bastante elevado, e muitos nem se aventuram a realizar uma matrícula, pois verificam que seria impossível dar conta de tal tarefa. Muitas escolas estabelecem horários dos cursos entre 19h e 23h e outras das 18h30 às 22h30. Mas é muito difícil o estudante conseguir sair do trabalho e chegar 18h30 e, pior ainda, seguir até 23h em um contexto de escassez de transporte e medo da violência das cidades.

Na prática, o que ocorre, em muitas escolas de EJA, é o não cumprimento desse horário, havendo uma redução informal do período para atender às condições de vida dos estudantes que, cansados e preocupados com o transporte e, muitas vezes, com a família, precisam sair muito antes das 23h da escola.

Por isso, é preciso dimensionar as cargas horárias de forma que atenda às condições de vida dos estudantes e também ao tempo necessário para o desenvolvimento das aprendizagens para este grupo. O fundamental é que a escola tenha a possibilidade de acompanhar de perto as aprendizagens prévias e obtidas na escola pelos estudantes, de modo a criar processos em que sua certificação possa caminhar no ritmo que for condizente com suas aprendizagens.

Os tempos de duração de aula e o número de semestres de cada curso precisam também ser condizentes com as condições de vida e os tempos disponíveis pelos estudantes. Há nisso uma grande complexidade, própria de uma modalidade que, por isso, já definimos como complexa.

Uma solução adotada por algumas escolas é organizar um modelo híbrido, em que atividades presenciais se combinam com algum horário de estudo a distância. No entanto, é preciso compreender que muitos estudantes não têm tempo para realizar tarefas em casa ou ainda vivem em locais nos quais a possibilidade de fazer tarefas em casa é bastante limitada.

É possível ainda criar jornadas diárias mais curtas e estender o número de semestres que o estudante vai levar para se formar. Uma escola

Conteúdos programáticos

pode adotar uma jornada de 3 horas para o ensino médio, por exemplo, o que a obrigaria a oferecer o curso em 4 semestres para dar conta das 1.200 horas necessárias.

Conteúdos programáticos

Sabemos que não faz sentido reproduzir em uma escola de EJA um mesmo rol de conteúdos desenvolvidos ao longo de anos para crianças e adolescentes, uma vez que essas etapas já não se fazem da mesma forma necessárias para as aprendizagens de adultos. A pergunta que deveria ser colocada é: quais são os conteúdos necessários para que adultos avancem em seus estudos e possam ampliar suas perspectivas pessoais e profissionais? Que percurso curricular deve ser construído levando-se em conta os diferentes sujeitos da EJA?

Grande parte dos educandos da educação de jovens e adultos são pessoas de muito baixa renda que já viveram sucessivas situações de exclusão, que podem ter relação com aspectos raciais, de gênero ou de falta de condições mínimas para permanecer na escola quando eram crianças. Como fazer essas pessoas terem novas oportunidades educativas ampliando suas possibilidades de alcançar novos projetos pessoais?

Para responder a essa pergunta será necessário que redes de ensino, escolas, gestores e educadores se debrucem sobre a construção de uma proposta curricular que tenha como pressuposto a compreensão das demandas de seus estudantes. Para isso, deve-se investigar a comunidade na qual a escola está e conhecer as expectativas daqueles que se matriculam na EJA. Não se trata, pois, de criar currículos padronizados, mas sim de propor conteúdos que tragam conhecimentos disciplinares combinados com as demandas e necessidades dos estudantes.

A Base Nacional Curricular Comum (BNCC), o principal documento de referência para a organização dos conteúdos a serem ensinados nas escolas, infelizmente, não pode ser considerada integralmente válida para a EJA, pois esse documento não deu qualquer atenção a essa modalidade. Os conteúdos ali definidos foram pensados para crianças e adolescentes que ingressam na escola na infância, e não para jovens e adultos que estão em um outro contexto de vida e precisam de outros processo de aprendizagem.

Tanto no volume dedicado ao ensino fundamental como no volume para o ensino médio, verifica-se a completa ausência da EJA na BNCC. No texto introdutório do volume dedicado ao ensino médio, mencionam-se as várias modalidades em uma breve passagem, mas ao longo das propostas desenvolvidas para as áreas e seus componentes curriculares não há mais nenhuma menção à modalidade.

Para além de orientações curriculares nacionais específicas que poderiam ser produzidas pelo governo federal para ampliar o diálogo sobre a modalidade, é necessário que se constituam meios para que se possa criar em cada um dos municípios brasileiros uma rede educacional para jovens e adultos preparada para atender à diversidade de públicos e que leve em conta as pretensões de jovens e adultos ao retomar os estudos.

É necessário que seja possível atender populações ribeirinhas, trabalhadores rurais e urbanos, jovens que foram expulsos do sistema regular, infratores, mães que abandonaram os estudos para cuidar dos filhos, idosos, população LGBTQIA+, enfim, todos aqueles que tiveram seu direito à educação cerceado em diversos contextos.

Para isso, certamente, a BNCC tem pouca serventia, pois é preciso definir currículos localmente, renunciando aos conteúdos convencionais das escolas para escolher aqueles que ofereçam a esses diversos sujeitos oportunidades para, de fato, avançar em suas possibilidades em termos pessoais e profissionais.

Paulo Freire, ao se referir ao papel da educação popular como prática na educação de jovens e adultos, afirma que o educador de EJA precisa estar atento ao que acontece no meio popular, nas periferias das cidades e no campo, pois, para ele, os conteúdos ensinados não podem estar alheios à cotidianidade. Para Freire, os conteúdos a serem ensinados são tão importantes quanto a análise da realidade concreta em uma perspectiva crítica. Ele considera necessário "inserir os grupos populares no movimento de superação do saber de senso comum pelo conhecimento mais crítico".

Esse método de Paulo Freire objetiva que a educação de adultos contribua para a transformação tanto dos indivíduos quanto da sociedade, pois esta produz a ampla desigualdade social que afeta especialmente os educandos da EJA, entre os brasileiros mais pobres.

Nessa perspectiva, não basta selecionar um conjunto de conhecimentos escolares, é necessário criar uma proposta de trabalho que leve em conta as demandas dos sujeitos e os conhecimentos que já possuem, e ainda realizar uma reflexão sobre a realidade vivida em suas comunidades.

Isso pode ser feito por meio de projetos específicos de caráter interdisciplinar ou com um trabalho preliminar a ser realizado por um pequeno grupo de professores, buscando diagnosticar as aprendizagens já conquistadas pelos estudantes. Em seguida, é importante realizar um levantamento de questões significativas para os estudantes daquela comunidade, que adiante podem se transformar em temas de estudo e, depois, iniciar a construção de uma proposta de estudo que tanto possa fazer avançar nas aprendizagens que se colocam como necessárias quanto o desenvolvimento do tema escolhido pela assembleia de estudantes.

No que se refere às aprendizagens escolares, é essencial que o grupo de educadores da escola faça um mapeamento de quais conhecimentos e habilidades os estudantes precisam e podem desenvolver levando em conta o tempo disponível e o resultado do diagnóstico realizado. Não se pode considerar que será possível dar conta de tudo aquilo que muitas grades curriculares estipulam como conteúdo da educação básica. Para dar um exemplo: como fazer uso da proposta da Base Nacional Curricular Comum (BNCC) para a educação de jovens e adultos? Em que medida as habilidades e os conhecimentos lá indicados podem ser trabalhados por professores da EJA, considerando as necessidades de aprendizagens dos estudantes e o tempo disponível para fazê-lo? Sempre haverá uma seleção, que deve ser, nesse caso, construída com foco nas demandas de aprendizagem reais dos estudantes. Por isso, no diagnóstico, vale a pena perguntar não somente o que já sabem, mas também o que não sabem e gostariam de aprender.

Evasão, abandono e permanência

Muitas redes de ensino têm taxas de evasão e abandono acima de 50% e essa é uma razão pela qual gestores consideram negativa a manutenção de turmas de EJA na escola, temendo a má avaliação da unidade escolar. Entretanto, é preciso dar o nome certo para esse fenômeno. Muitas vezes, não se trata de evasão, mas sim de um afastamento forçado que pode ter um caráter temporário. Uma mãe que fica sem ter com quem deixar o filho enquanto está na escola, uma gravidez inesperada, um novo emprego ou somente um trabalho temporário, uma doença na família. Todos estes e outros podem ser motivos para que um adulto deixe em algum momento a escola. Entretanto, não quer dizer que não tenha o desejo de retornar. Por isso, uma escola de EJA precisa conhecer seus estudantes e, quando houver ausências, fazer contato com o aluno para saber por que deixou de frequentar e quais seriam as condições para que pudesse retornar à escola.

Há também que considerar que muitos estudantes deixam de frequentar a escola sem formalizar sua saída, denominada como abandono, o que acaba por gerar a sua reprovação. Por isso, é difícil, em muitos casos, fazer a distinção entre evasão e reprovação. Frequentemente, a maior parte das reprovações ocorrem por excesso de faltas.

A Resolução n. 01/2021 criou um mecanismo que pode contribuir para que um estudante da EJA não tenha que abandonar a escola quando uma dificuldade aparece na sua vida pessoal. Trata-se do requerimento Ausência Justificada com Critérios (AJUS), que permite que "nos casos em que o estudante ultrapassar o limite de 25% (vinte e cinco por cento) de faltas, a solicitação será analisada e, sendo deferida, a aprovação estará vinculada à obtenção de 50% (cinquenta por cento) de rendimento em cada componente curricular, bem como a realização de atividades compensatórias domiciliares" (art. 26). Tal mecanismo valoriza a permanência do estudante, embora seja necessário regulamentação que indique as situações específicas em que a regra pode ser aplicada e também como esse processo deve funcionar para evitar que se transforme em apenas uma saída para justificar qualquer tipo de ausência.

Para além de evitar a evasão, é preciso também valorizar a permanência. Como já indicamos anteriormente, um currículo adequado, com horários viáveis, acolhimento e participação efetiva dos estudantes na construção do processo pedagógico, certamente valorizará a permanência. É necessário superar uma forma burocrática de organização da escola, apenas preocupada como normas que em nada contribuem para o efetivo desenvolvimento da aprendizagem e a permanência dos estudantes. Exemplo disso é questão dos horários de entrada dos estudantes em uma escola de adultos. Verifiquei uma vez em uma escola de Minas Gerais em que as aulas se iniciavam às 18h30, que não se permitia que os estudantes entrassem na sala de aula depois de 15 minutos de atraso. Tal determinação fazia com que muitos estudantes perdessem as aulas diariamente. No entanto, é preciso analisar as razões pelas quais os estudantes se atrasavam. Em geral, o atraso está relacionado às dificuldades com transporte, trabalho e vida familiar. Com isso, o estudante é duplamente punido, pois já sofre com as condições insuficientes de sua vida cotidiana e ainda é proibida a sua entrada na escola. O grande risco é que este estudante desista do curso, pois acaba se culpando pelos atrasos e se convencendo de que não pode estudar.

Quando nos referimos ao abandono na EJA temos que ter especial atenção à trajetória desse aluno. Pois abandonar a escola por um período, como já indicamos, é algo que pode ser necessário para os estudantes da EJA. A questão central é analisar quantos retornam, pois quando o estudante retorna há a indicação de que aquela escola de alguma forma contempla as expectativas dele, ou seja, de que ela de alguma forma consegue investir na permanência desse estudante e que sua proposta pedagógica é adequada a esse sujeito. Com isso, podemos afirmar que analisar a qualidade de uma escola de EJA significa levar em conta não só o abandono, mas principalmente a taxa de retorno dos estudantes. Não é difícil encontrar gestores públicos que afirmam que não desejam investir na EJA devido à grande evasão na modalidade, mas esses mesmos gestores precisam também investir na criação das condições de permanência dos estudantes e de metodologia para identificar o percentual daqueles que retornam à escola para concluir seus estudos.

Espaço físico da escola

O espaço físico da escola precisa estar diretamente ligado ao projeto político-pedagógico da instituição, pois ele materializa a forma como os processos pedagógicos vão ocorrer. Um exemplo simples: se a proposta curricular da escola defende que o processo de aprendizagem ocorra em uma perspectiva dialogada com ampla participação dos estudantes, faria sentido manter a sala de aula com carteiras enfileiradas? Qual seria uma outra forma de organizar a sala de aula para corresponder efetivamente à proposta definida pelos educadores?

A questão se relaciona com a organização da sala de aula, mas também com os demais espaços da escola. Afinal, qual a diferença em receber adultos ou crianças e adolescentes?

Inúmeras vezes tive a oportunidade de visitar escolas de EJA que funcionavam no período noturno e nas quais havia bibliotecas com cadeiras pensadas para crianças pequenas, paredes das salas de aula com cartazes e dizeres pensados para elas, espaços de lazer voltados para esse público, enfim, um espaço nada próprio para jovens e adultos. Nada mais traumático do que fazer um enorme esforço para retomar os estudos na vida adulta e se deparar com a mesma sala de aula da qual foi expulso anos mais cedo, como se tivesse que voltar a ser a criança que foi para poder retomar os estudos.

É preciso refletir sobre a organização dos vários espaços da escola. Na biblioteca, é necessário ter mobiliário adequado e uma seleção de livros especialmente pensada para públicos estudantes da EJA e para seus educadores. Os espaços utilizados para os intervalos das aulas precisam prever algum conforto para pessoas que trabalharam durante muitas horas e estão naturalmente mais cansadas. É fundamental oferecer uma alimentação substantiva para os estudantes que, muitas vezes, realizam na escola sua principal refeição.

Por todas essas razões e outras é que existe uma grande dificuldade em partilhar o espaço escolar entre crianças e adultos, sendo mais adequado haver instalações próprias para cada um estes grupos, uma vez que existem evidentes especificidades neles.

A escola de EJA para além dos muros

Uma escola de EJA nunca será autossuficiente em relação aos problemas que podem dificultar ou mesmo impedir o processo de aprendizagem e a permanência dos estudantes. Os estudantes da EJA são excluídos do direito à escola, mas também costumam ter outros direitos negados, como moradia, acesso à saúde e ao trabalho. E são muitas as questões que surgem ao longo do curso que a escola não pode resolver por si mesma. Exemplo disso é o problema de visão que muitos estudantes adultos enfrentam, pois muitos não têm como ir a um oftalmologista e, ainda, não têm recursos para comprar os óculos. Há também os muitos problemas de saúde mental, problemas de saúde gerados pela realização de trabalhos insalubres ou que criam problemas físicos. Como lidar com esses e outros desafios na escola, que evidentemente acabam se tornando obstáculos para a aprendizagem?

Para enfrentar essas situações é essencial que se desenvolvam políticas intersetoriais, ou seja, parcerias com outras instituições que podem colaborar para que as dificuldades vividas por esses estudantes possam ter atendimento especializado. Podem ser instituições públicas, da sociedade civil ou comunitárias que disponham de profissionais e capacitação para atender os estudantes, seja nos horários de aula ou com agenda a ser definida junto com a escola e os estudantes.

As políticas intersetoriais na EJA não podem ser vistas como um acessório, como algo a mais. São, na verdade, necessidade constitutiva para que o trabalho pedagógico possa ter mais sucesso em um olhar mais integral para o sujeito. Não se pode imaginar que alguém obterá sucesso na escola se suas condições básicas de vida não estão sendo resolvidas. Para além do que já foi citado, há os casos frequentes de violência doméstica, alcoolismo, dependência química, problemas financeiros, alimentação insuficiente, enfim, somente um olhar integral para o sujeito demandante de escolaridade pode resgatar o seu direito à educação e a própria possibilidade de realizar seus sonhos de mudança.

Formação de educadores

Raros são os cursos de pedagogias e licenciaturas específicas voltados para o ensino que mantêm algum processo formativo para a modalidade EJA. Ocorre que em alguns poucos cursos são oferecidas disciplinas de caráter eletivo sobre a modalidade. Mesmo havendo uma produção acadêmica relacionada à EJA, não há um esforço efetivo nas universidades para a formação de novos educadores com formação específica para atuar na EJA.

Também são raros os programas formativos patrocinados pelo governo federal ou pelas redes estaduais e municipais para fazer com que a prática pedagógica de seus educadores seja condizente com as demandas dos estudantes da modalidade.

Em muitas redes de ensino, a opção pela EJA ocorre apenas como complemento da carga horária do professor, ou seja, trata-se de uma segunda opção para fechar a carga horária. Com isso, essas aulas suplementares acabam tendo um caráter secundário para muitos professores. Por isso, uma possibilidade seria a criação de uma carreira específica para a modalidade com jornada própria e exigência de formação específica.

Considerando a grande ausência na formação inicial dos educadores da EJA, sabemos que, se as redes não investirem em uma formação em serviço, as salas de aula de EJA serão marcadas pelo improviso ou por uma visão de caráter assistencialista que pouco contribui para a formação desses sujeitos. A complexidade da EJA exige processos constantes de reflexão entre os educadores, busca coletiva de soluções para dificuldades encontradas e, principalmente, o exercício da criatividade para propor estratégias pedagógicas diversificadas e adequadas aos muitos sujeitos da EJA. Para isso, é fundamental que se garantam espaços significativos de reuniões pedagógicas semanais, mas também momentos formativos entre pares ou com a presença de convidados externos que possam contribuir para constituir uma concepção de educação de jovens e adultos e abrir espaço para o diálogo e construção de caminhos para as situações vividas diariamente na sala de aula.

Avaliação

As teorias recentes relacionadas às aprendizagens encaram a avaliação como um processo formativo e diagnóstico, diretamente comprometido com a noção de aprendizagem. Nesses casos, o foco não está somente na verificação do que o professor ensina, mas na análise do que e por quais caminhos o estudante aprende. A finalidade da avaliação não é selecionar os aptos e reprovar os incapazes. Trata-se de construir possibilidades para que cada um dos estudantes possa aprender por diversos caminhos. Existe, nessa perspectiva, o desejo democrático de incluir todos, respeitando as diferenças.

Isso se torna ainda mais essencial na educação de jovens e adultos, devido à heterogeneidade do seu público, como já dissemos. Então, é essencial que se construa uma avaliação que valorize as aprendizagens obtidas por esses sujeitos ao longo de sua trajetória. Há uma diversidade de caminhos para aprender, não necessariamente linear, o que faz com que a subjetividade dos modos de aprendizagem deva ser levada em conta também nas formas de avaliar.

Isso não significa, entretanto, que os instrumentos de avaliação não devam ter critérios claros e precisos, mas que ao definir critérios de avaliação sejam considerados também os sujeitos, e não somente os objetos de ensino. É necessário que se criem instrumentos de avaliação diversificados, permitindo que as diferentes formas de aprender e expressar o que aprendeu se tornem visíveis. Ainda, é oportuno que os estudantes participem do próprio processo de construção da avaliação, refletindo sobre quais seriam os possíveis caminhos da avaliação de aprendizagem. Democratizar o processo de avaliação é uma forma de inclusão, ou seja, de viabilizar que os educandos indiquem possíveis formas para expressar suas aprendizagens. É preciso tomar cuidado para não se limitar a um único caminho, o escolhido pelo professor, o que pode ocultar outras possibilidades de avaliação.

O processo de avaliação na educação de jovens e adultos e os resultados obtidos estão intrinsecamente relacionados com as escolhas realizadas para a construção do currículo. Se estas forem sempre feitas com base na enumeração de conhecimentos enciclopédicos que devem ser dominados de maneira homogênea, renunciando à interação com a significativa experiência de vida e da interação com o mundo vivido, continuarão sendo frequentes as reclamações de professores e gestores quanto ao baixo desempenho escolar e à alta evasão de estudantes jovens e adultos. Sabemos que apenas um único resultado negativo obtido por um estudante na EJA pode ser motivo suficiente para ele deixar a escola, revivendo o trauma com a experiência negativa do processo. Por isso, a avaliação tem um lugar bastante delicado e estratégico na EJA, devendo ser considerada também um elemento capaz de alavancar a aprendizagem com acolhimento, e não um instrumento de poder que subjuga os estudantes ao professor.

Um exemplo do que não se fazer na educação de jovens e adultos é recorrer à prova como um instrumento de um caráter punitivo. Submeter um estudante que retorna à escola depois de anos a uma avaliação do tipo pergunta e resposta, sem permitir consulta e com a necessidade de ter respostas prontas que deveriam ser memorizadas é colocar em risco a permanência desse estudante na escola. Pior ainda é devolver a avaliação corrigida para o estudante sem a devida contextualização e discussão dos resultados, que deveriam levar em conta o processo de aprendizagem construído até chegar a essa avaliação.

De maneira alternativa a esse modelo, é possível realizar uma avaliação processual que leve em conta diferentes aspectos da aprendizagem. Podem ser utilizadas atividades escritas, mas é importante também avaliar com base no desempenho oral, como apresentações de pequenos seminários, encenações ou até gravação de vídeos no aparelho celular sobre um determinado tema estudado. É importante também que existiam avaliações individuais e em grupos ou em duplas e trios. Atividades em conjunto são muito recomendadas, pois o fortalecimento das relações na EJA, estabelecido com o apoio e a troca entre os colegas, é um modo muito eficaz promover a aprendizagem.

No que se refere às atividades escritas, é importante criar estratégias diversas para que sejam diversas também as avaliações. Algumas ideias: solicitar a produção de pequenos textos com consulta aos materiais pedagógicos; realizar atividades de escrita de curta duração sobre conteúdos pontuais; ou ainda propor atividades escritas com mais de uma etapa, que se desdobrarão por várias aulas, ou realizar mais de uma correção para ir construindo com o estudante um caminho mais seguro de resolução do problema proposto na atividade. Ou seja, ao invés de realizar avaliações que promovem tensão e exigem respostas imediatas que podem escapar ao aluno, propõe-se aqui que se produzam avaliações que sirvam como um processo de acompanhamento e apoio à aprendizagem do estudante, que deve poder fazer, errar e refazer como um processo contínuo com o apoio de professores e colegas.

Por fim, é possível ainda promover avaliações relacionadas ao contexto de trabalho pedagógico, considerando alguma forma de intervenção na realidade. Por exemplo, se houve um estudo sobre a questão do lixo urbano e for identificada a necessidade de redigir uma carta para a Câmara de vereadores da cidade, o professor pode avaliar a carta como produto de um processo de trabalho que resultou em uma ação efetiva dos estudantes.

APRENDIZADOS TRAZIDOS DE EXPERIÊNCIAS DE ALGUMAS ESCOLAS DE EJA

Cieja Campo Limpo – São Paulo (SP)

Os Centros Integrados de Educação de Jovens e Adultos (Cieja) são instituições escolares de São Paulo voltadas exclusivamente para o atendimento da modalidade EJA, como já vimos. As escolas funcionam em 6 horários diários, tendo cada jornada duração de 2h15. Essa grande oferta de horários torna possível atender pessoas com diferentes demandas e disponibilidades de tempo para o estudo.

O Cieja Campo Limpo está localizado no bairro do Capão Redondo, um dos mais violentos da cidade, concentrando grande número de homicídios e roubos. Grande parte de sua população vive em moradias precárias, com renda muito aquém do necessário, e possui baixa escolaridade.

Neste contexto, o Cieja Campo Limpo se propõe a ser um espaço alternativo de estudo e convivência para a população jovem e adulta do bairro. Um dos objetivos construídos ao longo dos anos por seus educadores e gestores é promover maior igualdade com base na inclusão de adolescentes, jovens e adultos, atendendo todos os excluídos da educação básica do bairro e procurando levar aos seus estudantes a reflexão sobre as razões de sua exclusão nesta sociedade.

Nas salas de aula do Cieja Campo Limpo, as aulas são organizadas em ciclos de um mês em que uma determinada área do conhecimento é desenvolvida. Dois professores são designados para cada ciclo, criando uma proposta de dupla docência que permite fortalecer o processo de aprendizagem dos estudantes.

A partir de 2000, a escola elaborou uma proposta político-pedagógica baseada na educação popular, o que significa que ela buscava promover a emancipação por meio da constituição de sujeitos críticos. Um dos pilares dessa escolha é a construção coletiva dos conteúdos que serão trabalhados na escola, contanto com a participação de educadores e estudantes. Para tanto, são organizadas assembleias na escola, que decidem não apenas sobre os conteúdos a serem estudados, mas também realizam deliberações relacionadas ao funcionamento da escola. Isso permite constituir uma gestão democrático-participativa.

Conforme afirma Eda Luiz, coordenadora-geral do Cieja por vários anos, em seu artigo "Cieja Campo Limpo: uma escola à frente do seu tempo", um dos pressupostos da escola

> é de que a prática educativa deve partir das histórias de vida e saberes dos sujeitos, adquiridos ao longo de sua vida. Esta forma de organizar o processo educativo ganha mais relevância ao se tratar de uma comunidade periférica, pois esses são os espaços que refletem a voz desses sujeitos. Nesses espaços, a expressão da oralidade, por meio do diálogo, confere outra concepção de alfabetização, pois permite a aprendizagem por meio de diferentes linguagens e da atribuição de significados às palavras.

Luiz define a educação libertadora como um de seus princípios estruturantes, apostando no diálogo e numa relação horizontal entre educadores e estudantes. Vê a educação como um ato libertador para a construção de uma sociedade mais ética, justa e solidária.

Um segundo princípio norteador é o da educação integral, na perspectiva de que os seres humanos ali presentes devem ser vistos em todas as suas dimensões. Para isso, é fundamental que a escola tenha sempre seus portões abertos, pois é preciso estabelecer vínculos com toda a comunidade para que seus estudantes possam ser vistos levando em conta as questões que os afetam cotidianamente. Para tanto, foram criadas também as tutorias, nas quais os estudantes têm um espaço de diálogo para trazer problemas pessoais e da comunidade, assim como também refletir sobre possíveis soluções de forma compartilhada com os colegas.

A escola toma também como princípio o desenvolvimento de uma proposta pedagógica organizada que tenha como base o diálogo sobre problemas reais vividos pelos estudantes, a investigação da realidade e a criação de possíveis soluções.

Uma das disciplinas criadas nos anos 2000 foi Metodologia de Projetos, que tem como objetivo ensinar os estudantes os passos necessários para a formulação de um projeto. Com base nisso, poderiam construir projetos coletivos da escola com a finalidade de solucionar problemas e necessidades da comunidade que vive no entorno da instituição. Para isso, ocorre uma etapa de levantamento de questões da comunidade que podem se transformar em um projeto a ela relacionado. Após um período de desenvolvimento de propostas para solucionar os problemas elencados, o projeto de resolução é apresentado para a comunidade local. Os estudantes são também estimulados a buscar parceiros de organizações sociais que possam colaborar com a construção da solução. Ao longo dos anos foram criados, por exemplo, projetos relacionados a transporte, preconceito racial, violência doméstica, limpeza urbana, castração de animais e tabagismo. Esses projetos assumem o caráter de intervenção na realidade, colocando os educandos no lugar de protagonistas e como sujeitos sociais capazes de intervir e realizar propostas transformadoras da realidade local.

Cieja Perus – São Paulo (SP)

O Centro Integrado de Educação de Jovens e Adultos Perus I foi criado em 2015 e está localizado no extremo noroeste da cidade, região que recebe um grande número de migrantes haitianos. Em 2024, a escola tinha aproximadamente 850 estudantes, sendo 60% destes migrantes haitianos.

A escola se define como freiriana e defende que seu currículo deva estar conectado às demandas das classes populares mantendo um diálogo horizontal com todos os grupos que estão presentes no território. Conforme explica sua equipe pedagógica: "Sendo assim, buscamos dialogar com a comunidade e atendê-la em suas necessidades de formação, acolhendo todas que nos procuram diariamente em busca de conhecimento, reflexões, diálogo e alimentação. Nesse sentido, visamos promover o avanço reparador, equalizador e qualificador de um grupo específico e singular: diferentes juventudes, adultas, idosas e pessoas com deficiência em centros urbanos e suas periferias".

O Cieja Perus possui um grande foco no atendimento à diversidade e no desenvolvimento de práticas pedagógicas coerentes com esse direcionamento.

Em uma perspectiva freiriana, a escola promove círculos de cultura, que têm como objetivo: "uma visita aos conhecimentos prévios das estudantes em diferentes assuntos ligados às diversas áreas do saber e à sua realidade cultural, com o intuito de construir o conhecimento coletivo. Participando dos círculos de cultura temáticos, elas são motivadas a vivenciar um processo cultural ligado ao tema em estudo".

A escola se constitui também como um espaço aberto, permitindo que outras pessoas da comunidade participem das atividades extracurriculares, como as diversas oficinas que são oferecidas às sextas-feiras.

No que se refere ao processo pedagógico, a escola procura romper com a seriação convencional, buscando montar grupos de trabalho com base em projetos que aglutinem os estudantes por temas e conforme suas necessidades de aprendizagem. Investe também na possibilidade de manter uma dupla docência para que se torne possível o desenvolvimento de projetos interdisciplinares e também um atendimento mais qualificado para estudantes com maiores dificuldades de aprendizagem.

Uma particularidade do Cieja Perus é a grande presença de migrantes haitianos, como mencionamos anteriormente. Eles vivem com bastante dificuldades e veem na escola uma possibilidade de avançar no conhecimento da língua portuguesa e na formação escolar, sendo para eles também um espaço de integração e sociabilidade.

A presença desses migrantes fez com que a escola reorganizasse seu projeto pedagógico para atendê-los com equidade. A escola realiza, por exemplo, uma festa cultural para aproximar a cultura haitiana da cultura brasileira. A própria comunidade haitiana fica responsável pela criação de um cardápio com comidas do Haiti e são criadas várias comissões com a presença de haitianos para organizar a festa, tendo como principal função criar uma maior integração entre estudantes, educadores e funcionários da escola.

A escola se constituiu também como um espaço multilíngue, no qual circulam diálogos em língua portuguesa, crioulo haitiano, Libras, francês e, eventualmente, em espanhol, guarani, árabe e outras. Considerando a grande presença dos haitianos na escola, foram criadas oficinas coordenadas pelos estudantes haitianos para ensinar crioulo para pessoas interessadas.

Uma programação de oficinas, que ocorrem, em geral, às sextas-feiras, é oferecida pela Cieja. Essas oficinas funcionam como um complemento da jornada diária de 2h15 e são abertas à comunidade, havendo uma oferta bastante diversificada. Há, por exemplo, oficinas de costura, yoga, jiu-jítsu, saúde e bem-estar, português para estrangeiros, jogos, futsal, informática, jogos matemáticos, Libras, ferramentas digitais e outras, que podem ser criadas conforme a demanda da comunidade.

Oficina de costura no Cieja Perus, 2023.

Mural com anúncio das oficinas oferecidas, 2023.

Cieja Paulo Vanzolini – São Paulo (SP)

O Cieja Paulo Vanzolini faz parte da rede municipal pública de São Paulo (SP). A escola está localizada na região central da cidade, no bairro do Cambuci, um território conhecido por ser de classe média baixa e de classe baixa e pela significativa presença de moradias populares coletivas (cortiços) e trabalhadores em situação de rua como catadores de papelão. Há também concentração significativa de imigrantes.

Em 2015, a cidade de São Paulo estabeleceu um canal entre a educação de jovens e adultos e as políticas para a população travesti e transexual ao estabelecer como uma das principais ações do Programa Transcidadania o retorno à escola por meio da EJA e a elevação de escolaridade dessa população. Os participantes do programa retomam os estudos a partir de apoio institucional (inclusive com recebimento de bolsa de estudos e trabalho) para terem garantido o direito à educação. A proposta alia diferentes secretarias municipais na implementação de atividades de elevação de escolaridade, qualificação profissional, formação em direitos humanos e atendimento de saúde. O objetivo é romper com o ciclo estrutural de vulnerabilidade da população travesti e transexual e abrir oportunidade para trilharem novas trajetórias pessoais.

A partir do Transcidadania, a escola se tornou uma referência no atendimento à diversidade e, em especial, ao público LGBTQIA+. Para tanto, a gestão da escola e seus educadores procuraram realizar formações para compreender as demandas do público que atende. Fizeram do acolhimento uma estratégia capital do processo pedagógico. Conforme explicam as gestoras do Cieja Paulo Vanzolini: "A proposta do Cieja sempre foi atender todos e todas, jovens e adultos que desejam voltar a estudar. Com o Programa Transcidadania alunas e alunos travestis e transgêneros, em situação de alta vulnerabilidade social, ganharam um foco maior e a participação nesta rede de proteção trouxe à escola outras necessidades, diferentes temas de formação, reformulação de conceitos, fortalecimento do respeito às inúmeras identidades presentes".

Educar jovens e adultos não é o mesmo que educar crianças

A escola tem a preocupação de fazer daquele espaço um lugar seguro, no qual os estudantes que constantemente são vítimas de discriminação e violência possam se sentir em uma instituição que ao mesmo tempo acolhe e promove aprendizagens. Para isso, há um cuidado com os detalhes: a forma de professores e a gestão se relacionarem com os/as estudantes, a constante conexão com a rede de proteção que pode contribuir para a melhoria da condição de vida dos alunos e um processo constante de formação dos educadores para enfrentar as complexas situações que vivem no cotidiano.

Nesse contexto, alguns eventos ganham especial relevância, como a festa junina ou o sarau cultural. A festa junina é um grande evento de mobilização dos educadores e estudantes para recuperar o sentido de participação e coletivo, de resgate da escola como um lugar acolhedor. Já o sarau literário permite que a leitura e a escrita ganhem uma dimensão pública até então impensável para muitos desses estudantes. Ser possível produzir um poema e fazer disso motivo de leitura pública compartilhada com todos os colegas e educadores é um mecanismo que pode auxiliar na ampliação da autoestima e legitimar as aprendizagens realizadas na escola. No sarau cultural é possível também realizar apresentações de teatro, música e dança. Conforme indica a equipe pedagógica do Cieja Paulo Vanzolini:

> No "Sarau", as apresentações sintetizam os diferentes projetos desenvolvidos ao longo do ano, geralmente ligados aos temas semestrais, possuindo um caráter inter e transdisciplinar, além de festivo. As aprendizagens e superações das dificuldades dos estudantes são evidentes quando se manifestam as múltiplas habilidades, durante o processo de preparação e performance no evento: trabalho em grupo, exposição em público, mediação de conflitos, elaboração poética a partir de um tema, clareza na comunicação, expressividade artística.

A preparação para o sarau está conectada com o projeto de leitura, no qual os estudantes escolhem semestralmente a leitura para ser discutida em rodas de conversa e que servirá como material para o sarau cultural.

109

Apresentação de estudantes no Sarau Cultural no Cieja Paulo Vanzolini (antigo Cieja Cambuci), 2016.

Colégio Santa Cruz (cursos noturnos) – São Paulo (SP)

O Colégio Santa Cruz é uma instituição de ensino mantida pela Congregação de Santa Cruz. Foi fundada em 1952 por um grupo de padres canadenses que chegaram ao Brasil pouco tempo antes. A escola está localizada em São Paulo, no bairro de Alto de Pinheiros, que no século XXI se define como de moradores com alto poder aquisitivo. Durante o dia, a escola mantém cursos pagos de educação infantil até o ensino médio. No período noturno, oferece cursos gratuitos para jovens e adultos que vão desde a alfabetização até o ensino médio e ainda dois cursos de educação profissional de nível médio. Os cursos noturnos foram fundados em 1974, tendo Sérgio Haddad, especialista na EJA, como seu primeiro diretor.

No Colégio, a EJA está organizada em fases e ciclos: são seis semestres para as séries iniciais do ensino fundamental, mais seis semestres para as séries finais do ensino fundamental e mais quatro semestres para o ensino médio. A maior quantidade de semestres no curso em relação a outras escolas de EJA se deve à compreensão de que não é possível manter um horário diário de aulas muito longo, sendo necessário aumentar o número de horas, uma vez que as aulas funcionam de segunda a sexta-feira com 2 horas e 40 minutos de duração. Além disso, entende-se que para muitos estudantes pode ser necessário percursos mais longos, sendo adotada a prática da reclassificação de fase para os que podem avançar mais rapidamente.

A prática pedagógica adotada pela escola tem ênfase em uma pedagogia de projetos que busca apresentar temas significativos para esses sujeitos e também possibilitar que as aprendizagens obtidas ao longo da vida possam ser levadas para a sala de aula e transformadas em ponto de partida para a construção de novos conhecimentos.

A interação entre estudantes, professores e gestores da escola tem também como princípio a prática do acolhimento, do diálogo e de conhecimento dos alunos na perspectiva de uma educação integral, que objetiva agregar na sala de aula as várias dimensões da vida dos estudantes.

É também uma prática da escola promover saídas de campo para que os estudantes se apropriem dos espaços da cidade e tenham a oportunidade de estabelecer outras formas de aprender. Fortalecendo a permanência e guiando-se pela educação integral, a escola proporciona para os alunos atendimento jurídico, espaço terapêutico, aulas de ioga, atendimentos de saúde, buscando incessante soluções para problemas enfrentados pelos estudantes que dificultam o processo de aprendizagem.

Entre as propostas pedagógicas baseadas em projetos desenvolvidas pelos educadores, destaco o Projeto Oficinas, voltado para estudantes que iniciam o ensino médio. Na visão dos educadores, a heterogeneidade do alunado assume lugar central na construção do projeto pedagógico. Jovens e adultos têm um vasto repertório de saberes e práticas, fundado em universos não escolares, como a família, a comunidade e o trabalho; têm uma visão de mundo vinculada a suas experiências de vida; desenvolveram, ao longo da vida, diferentes habilidades de leitura, de escrita e de uso das tecnologias digitais, assim

111

como são variados seus ritmos de aprendizagem. Com base nesse pressuposto é que se desenvolve o Projeto Oficinas, com o objetivo de fazer com que os estudantes levem para a escola parte de seus saberes e aprendizagens obtidos ao longo da vida por meio da experiência. Com isso, surge a pergunta norteadora do projeto: "O que faço tão bem que posso ensinar alguém?".

Conforme Cláudio Bazzoni, coordenador do ensino médio:

> Três pilares dão sustentação a essa proposta: o resgate dos saberes culturais dos alunos, o fortalecimento de sua relação com a escola e o reconhecimento da diversidade da turma que eles compõem. Construir brinquedos, fazer pipas, brincar de roda, cantar cantigas de ninar, improvisar versos de cordel, tocar um instrumento musical, dançar, explicar o funcionamento de uma casa de farinha, dar dicas de informática e cozinhar um prato são exemplos de atividades realizadas nas Oficinas. São fazeres que marcaram a formação primeira dos alunos da EJA, revelam suas origens e trazem, para o contexto escolar, conhecimentos advindos de culturas da tradição oral. Além deles, as Oficinas abrem espaço para atividades como consertos hidráulicos e elétricos, serviços domésticos e técnicas de jardinagem, de modo que as ocupações profissionais dos estudantes também assumam a condição de objeto escolar e sejam compartilhadas. Assim, o projeto atua num campo de encontros e desencontros da cultura escolar com a cultura popular e com práticas cotidianas. O convite para que saberes e práticas aprendidos pelos alunos ao longo da vida adentrem o contexto de educação formal é capaz de promover uma ressignificação da própria escola. Ela se converte em território "amigo", no qual pode reverberar o mundo social e cultural que dá força à identidade dos estudantes, ao mesmo tempo em que reconhece a diversidade e nutre relações sociais. Desfaz-se, assim, parte da insegurança e da baixa autoestima de alunos que estão chegando ao Ensino Médio, muitos deles a este colégio, após anos sem estudar. O sentimento de admiração pelo outro e o respeito às diferenças também ganham espaço quando todos, sejam jovens ou adultos, migrantes ou paulistanos, compartilham memórias construídas ao longo de sua experiência de vida.

Oficina com estudantes do ensino médio apresentando para outros estudantes e professores.

Escola Municipal Irarazinho – Irará (BA)

Irará está localizada no sertão da Bahia. O município tem aproximadamente 27 mil habitantes, sendo a agricultura uma importante atividade econômica. Em Irará a agricultura camponesa tem garantido historicamente a oferta de produtos *in natura*, cultivados de forma artesanal e comercializados na feira livre municipal, fundamental na região.

Para incentivar a população local a ingressar na escola ou ampliar seus estudos, a Escola Municipal Irarazinho realiza diversas ações ao longo do ano: a busca ativa dos educandos, visitas às casas, divulgação pela rádio e nas feiras e a Barraca Pedagógica da EJA, que funciona na feira livre da cidade, incentivando os estudantes a fazem a matrícula na escola.

A maioria dos estudantes são pessoas mais velhas, com idade entre 40 a 70 anos, sendo a maioria mulher. Muitos dos estudantes trabalham como cuidadores de idosos, diaristas ou feirantes.

A proposta pedagógica da escola considera que a educação não deve ser somente um fim em si mesma, mas uma possibilidade real de transformação de vidas, a partir de um olhar sensível sobre o outro, de um encantamento, de um despertar à luz da sua humanidade, da sua razão de ser e existir no mundo. O trabalho é organizado em eixos temáticos que buscam trazer à tona discussões relevantes para a formação cidadã, abordando temáticas próprias da realidade local e do cotidiano dos estudantes.

A partir do eixo temático, vinculado a cada etapa de aprendizagem, destacam-se os temas geradores que irão impulsionar a escolha das aprendizagens desejadas na perspectiva de cada área do conhecimento. Depois disso, os educadores focam nos saberes necessários à luz de cada componente curricular e seus objetivos de aprendizagem. A partir dessas necessidades, recorre-se aos objetos de conhecimento a serem desenvolvidos para cumprir a proposta.

A construção coletiva do currículo deve contemplar a diversidade sexual, cultural, de gênero, de raça, de geração, de crenças, valores e vivências específicas aos sujeitos da EJA, por meio de uma metodologia adequada às condições de vida dos jovens e adultos, relacionada ao mundo do trabalho. Deve possibilitar a problematização da realidade dos sujeitos em seus tempos pedagógicos específicos, de modo a garantir o acesso, a permanência e a continuidade do processo formativo.

Centro Municipal de educação de Trabalhadores Paulo Freire (CMET) – Porto Alegre (RS)

O CMET Paulo Freire fica situado em Santana, um bairro de classe média, na zona leste da cidade de Porto Alegre. Criado em 1989, tem sua origem nas primeiras turmas do Serviço de Educação de Jovens e Adultos (Seja), que funcionaram no centro de Porto Alegre. Atualmente, é uma instituição única de EJA, dentro da perspectiva da educação popular e ao longo da vida. A instituição é uma referência de educação permanente de jovens e adultos, atendendo alunos de Porto Alegre e Região Metropolitana. Realiza parcerias com a Universidade

Federal e Universidade Estadual do Rio Grande do Sul, possibilitando estágios curriculares.

O CMET funciona nos turnos manhã, tarde e noite, atendendo jovens a partir de 15 anos e adultos. A maioria dos alunos pertence à classe trabalhadora. Há estudantes portadores de deficiências físicas e mentais. Em função dessa diversidade, a educação no centro se caracteriza pelos espaços e tempos diferenciados de construção de conhecimentos em todas as atividades.

O maior desafio para o CMET Paulo Freire é de fato ser não somente uma escola, mas um centro que se coloca num campo específico – o da educação popular, no acolhimento de jovens, adultos e idosos, cujos percursos escolares foram interrompidos pelas circunstâncias da vida. O objetivo é que o aluno seja capaz de resgatar essas histórias de vida, acima de tudo, por meio do acolhimento em perspectiva de educação humanística.

A gestão da escola é democrática, sendo as decisões pedagógicas e administrativas coletivas, com a participação de todos os segmentos. O debate público e coletivo, envolvendo todos os segmentos, precede as decisões e encaminhamentos da equipe. O respeito à diversidade e à pluralidade como princípio está na forma como são encaminhadas as questões.

Além da oferta das disciplinas escolares convencionais, o CMET também oferece para aqueles educandos que necessitam de um atendimento mais focalizado o Laboratório de Aprendizagem, a psicopedagogia e as Salas de Integração e Recursos (SIR), destinadas ao atendimento especializado a alunos com deficiência.

O Laboratório de Aprendizagem é um espaço para a pesquisa, que busca qualificar o trabalho de sala de aula e integrar-se a ele. Ele investiga os processos singulares de construção dos diversos conhecimentos a partir das produções feitas pelos educandos e dos avanços cognitivos para criar estratégias de intervenção. O professor deve indicar as necessidades de um acompanhamento mais individualizado na construção dos conhecimentos. O atendimento do Laboratório de Aprendizagem deve estar de acordo com a necessidade e a disponibilidade do educando e acontece no turno inverso do aluno.

O Atendimento Educacional Especializado (AEE) é destinado aos alunos com algum tipo de deficiência, transtorno ou altas habilidades que necessitam de trabalho pedagógico de apoio complementar e suplementar específico, contribuindo para inclusão nos espaços de aprendizagem.

O Programa de Trabalho Educativo (PTE) é uma estratégia que procura agenciar diferentes espaços educativos para os alunos com necessidades educacionais especiais. Esse programa possibilita uma relação direta com o mundo do trabalho, pois a construção do conhecimento também ocorre por meio das relações profissionais. O PTE conta com a supervisão de professores especializados. O acompanhamento aos estudantes nos locais de trabalho visa auxiliar e orientar os estagiários, as chefias e os colegas, fazendo a mediação no processo de inserção e instrumentalizando todos os envolvidos. Essa ocupação se configura como estágio remunerado.

A escola oferece também um conjunto de atividades extracurriculares: teatro, música, educação ambiental e sustentabilidade, oficinas de serigrafia, artesanato e letramento.

O Movimento pela Alfabetização (Mova)

O Mova tem origem na educação popular em sua perspectiva transformadora e libertadora dos indivíduos inseridos em contextos marcados pela opressão e desigualdade social. Tem como inspiração o pensamento de Paulo Freire e de outros movimentos organizados no campo da educação que também se inspiraram na educação popular.

A concepção de alfabetização para jovens e adultos do Mova se distingue daquela que vê a alfabetização apenas como a aquisição de um sistema de escrita. Entende o processo educativo como parte da formação cidadã, constituindo-se como uma ação política e cultural.

Em 1989, quando Paulo Freire era secretário de Educação de São Paulo, foi criado o Mova-SP, que seria a expressão de um movimento popular vinculado a uma gestão pública municipal. Em outros municípios, como Diadema, Embu, São Carlos, Chapecó, Ipatinga, Porto Alegre e Caxias do Sul, foram também instituídos Movas em parceria com a gestão municipal.

No caso de São Paulo, até os diais atuais, o Mova mantém parceria com o governo municipal para atender jovens e adultos demandantes por cursos de alfabetização. O público do Mova de São Paulo é constituído na sua maioria por mulheres negras com 50 anos ou mais. Isso implica também em construir uma proposta voltada para esse público, que deve levar em conta sua trajetória de vida, inserção profissional e expectativas em relação ao uso da leitura e da escrita na vida social. Os alfabetizadores, em geral, são pessoas da comunidade, que passaram por formação específica e têm também o papel de buscar os candidatos ao processo de alfabetização. O fato de a alfabetizadora ser uma pessoa da comunidade amplia o vínculo dos estudantes com a proposta de alfabetização, facilitando a interação entre educador e alfabetizandos. Os cursos de alfabetização podem ocorrer em associações comunitárias, igrejas, creches ou mesmo em espaço de empresas locais. O importante é que o espaço de alfabetização seja próximo ao local onde essas pessoas estão inseridas. Em uma perspectiva freiriana, a inserção na comunidade permite que se construa o processo de alfabetização tendo como foco a leitura crítica da vida social do entorno.

O processo inicial para a formação de uma sala de alfabetização no Mova-SP parte de uma busca ativa, ou seja, a visita dos educadores às casas da comunidade para convidar aqueles que não tiveram oportunidade de estudar a participar do curso de alfabetização. As salas de aula devem ter no máximo 20 educandos, e o educador precisa passar por um processo semanal de formação e preparação das atividades a serem desenvolvidas.

Um dos êxitos do Mova é ir aonde o educando está, ou seja, suas turmas são formadas na comunidade onde o demandante de alfabetização vive. Como mencionamos, para tal são utilizados espaços alternativos na própria comunidade, e os educadores, em geral, também são da comunidade e recebem formação específica do Mova para atuar como alfabetizadores. Durante o período da gestão de Paulo Freire em São Paulo (1989-1991), a própria Secretaria de Educação realizava a formação dos educadores.

Assim, o processo de alfabetização incluía a aquisição do sistema de escrita, mas também um processo de formação política que tornasse os educandos agentes da transformação social da comunidade em que estavam inseridos.

No projeto Mova-Brasil, coordenado pelo Instituto Paulo Freire entre 2003 e 2013, a metodologia adotada para o processo de alfabetização consistia em primeiramente realizar, junto com os educandos, a leitura de mundo, que implica em conhecer o contexto de vida dos sujeitos demandantes da alfabetização do ponto de vista social, político, cultural e econômico. Procura-se saber quais são os equipamentos públicos, as atividades de lazer, a situação em termos de atendimento a saúde, transporte, mercado de trabalho, enfim, todas as condições que afetam a vida das pessoas da comunidade.

Em seguida, realiza-se a tematização, que significa transformar as leituras de mundo em temas de estudo. Estes serão transformados em temas geradores que vão servir como importante conteúdo para a ação alfabetizadora. Os temas formulados com base na leitura de mundo serão utilizados em problemas matemáticos, leituras de texto, debates, produções de texto e na definição de outras propostas didáticas.

Uma terceira etapa denomina-se reconstrução do mundo lido, que seria a problematização. Para isso, faz-se uso da perspectiva de Paulo Freire no que se refere à pedagogia da pergunta, que significa provocar o questionamento das certezas e indagar sobre outras possibilidades de leitura da realidade. Propõe-se a extrapolação do senso comum e a superação da consciência ingênua nos termos de Freire.

Em uma nova etapa, procura-se aprofundar a leitura de mundo com base na problematização realizada promovendo a incursão dos educandos na comunidade para socializar as discussões feitas pelos alfabetizandos. Para tanto, a Festa Comunitária Cidadã é organizada com o objetivo de reunir membros da comunidade e discutir a realidade social, ambiental, política e cultural dos moradores.

Nesse processo de ensino e aprendizagem proposto por esta metodologia é fundamental também pôr em prática os círculos de cultura de Paulo Freire, em que o educando se coloca como investigador trazendo para o debate elementos da realidade que vão dar origem a palavras geradoras utilizadas no processo de alfabetização. A proposta é que, ao trazer problemas da realidade, os educandos possam analisar soluções e planejar ações capazes de transformá-la.

Sugestões de leitura

Cieja Campo Limpo

LUIZ, Eda. Cieja Campo Limpo: uma escola à frente do seu tempo. In: ACUÑA, Violeta; CATELLI, Roberto. *La Educación de Personas Jóvenes y Adultas como estrategia de enfrentamiento de las desigualdades en América Latina*. La Serena: Nueva Mirada ediciones, 2022. Disponível em: https://www.upla.cl/noticias/wp-content/uploads/2022/06/La-Educacion-de-Personas-Jovenes-y-Adultas-como-estrategia-para-enfrentar-las-desigualdades.-De-las-Politicas-a-las-Practicas.pdf?fbclid=IwAR33IfBeAMNgLodTeTZZ7fWaCe0fVqNPtw2cUMqpc122TwCOFwED155GZVU. Acesso em: 28 abr. 2024.

A coletânea traz vários artigos sobre o tema da educação de jovens e adultos, sendo um deles redigido por Eda Luiz, que foi coordenadora pedagógica do Cieja Campo Limpo. O texto explicita a construção do projeto político-pedagógico da escola ao longo dos anos em que esteve à frente da gestão.

GRAVATÁ, André et al. *Volta ao mundo em 13 escolas*. São Paulo: Fundação Telefônica, 2013. Disponível em: https://www.fundacaotelefonicavivo.org.br/acervo/volta-ao-mundo-em-13-escolas/. Acesso em: 28 abr. 2024.

Nesta coletânea de textos sobre experiências inovadoras de escolas pelo mundo, um dos artigos é sobre a proposta pedagógica do Cieja Campo Limpo.

Cieja Perus

BUSICO, Franciele. Garantir direitos para brasileiros/as e imigrantes durante a pandemia: uma luta coletiva. In: ACUÑA, Violeta; CATELLI, Roberto. *La Educación de Personas Jóvenes y Adultas como estrategia de enfrentamiento de las desigualdades en América Latina*. La Serena: Nueva Mirada ediciones, 2022. Disponível em: https://www.upla.cl/noticias/wp-content/uploads/2022/06/La-Educacion-de-Personas-Jovenes-y-Adultas-como-estrategia-para-enfrentar-las-desigualdades.-De-las-Politicas-a-las-Practicas.pdf?fbclid=IwAR33IfBeAMNgLodTeTZZ7fWaCe0fVqNPtw2cUMqpc122TwCOFwED155GZVU. Acesso em: 28 abr. 2024.

O artigo mostra a forma de organização e proposta pedagógica do Cieja Perus levando em conta as demandas e história de seus educandos. Destaca, em especial, a maneira como a escola se organizou no contexto da pandemia da covid-19.

CIEJA PERUS. Territórios educativos de lutas e resistências. In: *CIEJAs na cidade de São Paulo: identidades, culturas e histórias*. São Paulo: SME/COPED, 2020. Disponível em: https://acervodigital.sme.prefeitura.sp.gov.br/wp-content/uploads/2021/08/LIVRO_CIEJAs-na-Cidade_WEB.pdf. Acesso em: 28 abr. 2024.

Este texto, produzido pela equipe pedagógica da escola, explicita a proposta pedagógica da escola e sua articulação com o território.

Cieja Paulo Vanzolini

RUOTOLO, Maria Adélia Gonçalves; GIANNONI, Rosana Meire. Cieja Cambuci: uma escola de portas abertas. In: CATELLI, Roberto (org.). *Formação e práticas na educação de jovens e adultos*. São Paulo: Ação Educativa, 2017.

Texto produzido pelo grupo de gestão da escola explicitando o trabalho realizado no campo da diversidade, em especial no âmbito do programa Transcidadania.

CIEJA PAULO EMÍLIO VANZOLINI. Diversidade e resistência. In: *Ciejas na cidade de São Paulo: identidades, culturas e histórias*. São Paulo: SME/COPED, 2020. Disponível em: https://acervodigital.sme.prefeitura.sp.gov.br/wp-content/uploads/2021/08/LIVRO_CIEJAs-na-Cidade_WEB.pdf. Acesso em: 28 abr. 2024.

Este texto, produzido pela equipe pedagógica da escola, explicita a proposta pedagógica e o trabalho realizado no campo da diversidade.

CMET Paulo Freire

CMET Paulo Freire (RS). Dir. Vinícius Rei, 2022. Documentário. (28min.) Disponível em: https://globoplay.globo.com/v/11221068/?s=0s. Acesso em: 28 abr. 2024.

Documentário que discute a proposta pedagógica da escola e a visão da EJA.

Escola Municipal Irarazinho

Escola Municipal Irarazinho (BA). Dir. Vinícius Rei, 2022. Documentário. (26min.) Disponível em: https://globoplay.globo.com/v/11266906/?s=0s. Acesso em: 28 abr. 2024.

Documentário que discute a proposta pedagógica da escola e a visão da EJA a partir de uma supervisora pedagógica de Irará.

Colégio Santa Cruz

BAZZONI, Cláudio; FROCHTENGARTEN, Fernando. *Rede de saberes:* a educação de jovens e adultos no Colégio Santa Cruz. São Paulo: Colégio Santa Cruz, 2021. Disponível em: https://santacruz.g12.br/wp-content/uploads/2021/12/Rede-de-saberes.pdf. Acesso em: 28 abr. 2024.

A publicação traz uma síntese e reflexões acerca dos diversos projetos desenvolvidos na EJA da escola.

FROCHTENGARTEN, Fernando. *Vivências da pandemia de covid-19 em uma escola de EJA da cidade de São Paulo*. Disponível em: https://www.upla.cl/noticias/wp-content/uploads/2022/06/La-Educacion-de-Personas-Jovenes-y-Adultas-como-estrategia-para-enfrentar-las-desigualdades.-De-las-Politicas-a-las-Practicas.pdf?fbclid=IwAR33IfBeAMNgLodTeTZZ7fWaCe0fVqNPtw2cUMqpc122TwCOFwED155GZVU. Acesso em: 28 abr. 2024.

Analisa o trabalho realizado pela escola durante o período de crise da covid-19 considerando a especificidade da EJA.

Mova

GADOTTI, Moacir (org.). *A Experiência do Mova-SP*. São Paulo: Instituto Paulo Freire, 1996. Disponível em: http://www.dominiopublico.gov.br/download/texto/me002448.pdf. Acesso em: 28 abr. 2024.

Analisa a experiência do Mova-SP no período de 1989 a 1991, quando Paulo Freire foi secretário municipal de São Paulo.

ANTUNES, Angela; PADILHA, Paulo Roberto. *Metodologia Mova*. São Paulo: Instituto Paulo Freire, 2011. Disponível em: http://forumeja.org.br/sites/forumeja.org.br/files/metodologia-mova.pdf. Acesso em: 28 abr. 2024.

Explica a metodologia Mova aplicada em projeto conhecido como Mova-Brasil conduzido pelo Instituto Paulo Freire.

PINI, Francisca Rodrigues. Educação popular em direitos humanos no processo de alfabetização de jovens, adultos e idosos: uma experiência do projeto Mova-Brasil. *Educ. ver.* v..35. Belo Horizonte jan./dez 2019. Disponível em: http://educa.fcc.org.br/pdf/edur/v35/1982-6621-edur-35-e214479.pdf. Acesso em: 28 abr. 2024.

Artigo que sistematiza a proposta metodológica do Mova-Brasil articulando a proposta com o conceito de educação popular e o pensamento de Paulo Freire.

O autor

Roberto Catelli Jr. é mestre em História pela Universidade de São Paulo (USP) e doutor em Educação (FE-USP). Coordenador da área de educação da ONG Ação Educativa e diretor dos cursos de Educação de Jovens e Adultos e Educação Profissional do Colégio Santa Cruz. É professor convidado do *magister* de educação de adultos da Universidade de Playa Ancha, Valparaíso, Chile.

Referências

ACUÑA, Violeta; CATELLI, Roberto. *La Educación de Personas Jóvenes y Adultas como estrategia de enfrentamiento de las desigualdades en América Latina.* La Serena: Nueva Mirada ediciones, 2022.

ANTUNES, Angela; PADILHA, Paulo Roberto. *Metodologia Mova.* São Paulo: Instituto Paulo Freire, 2011. Disponível em: http://forumeja.org.br/sites/forumeja.org.br/files/metodologia-mova.pdf. Acesso em: 28 abr. 2024.

BAZZONI, Cláudio; FROCHTENGARTEN, Fernando. *Rede de saberes:* a educação de jovens e adultos no Colégio Santa Cruz. São Paulo: Colégio Santa Cruz, 2021. Disponível em: https://santacruz.g12.br/wp-content/uploads/2021/12/Rede-de-saberes.pdf. Acesso em: 28 abr. 2024.

BEISEGEL, Celso de Rui. *Estado e educação popular:* um estudo sobre a educação de adultos. São Paulo: Pioneira, 1974.

BRASIL. LDB: Lei de Diretrizes e Bases da Educação Nacional: lei no 9.394, de 20 de dezembro de 1996. Estabelece as diretrizes e bases da educação nacional. 5. ed. Brasília: Câmara dos Deputados, Coordenação Edições Câmara, 2010.

_____. Conselho Nacional de Educação (CNE). Resolução n. 01/2021 de 25 de maio de 2021. Diretrizes Operacionais para a Educação de Jovens e Adultos. Disponível em: https://www.gov.br/mec/pt-br/media/acesso_informacacao/pdf/DiretrizesEJA.pdf. Acesso em 25 maio 2021.

_____. Lei n. 14.113, de 25 de dezembro de 2020. Regulamenta o Fundo de Manutenção e Desenvolvimento da Educação Básica e de Valorização dos Profissionais da Educação (Fundeb). Disponível em: https://www.planalto.gov.br/ccivil_03/_ato2019-2022/2020/lei/l14113.htm. Acesso em: 28 abr. 2024.

_____. Ministério da Educação. Parecer da CEB/CNE n, 11/2000 de 10 de maio de 2000. Diretrizes Curriculares Nacionais para a Educação de Jovens e Adultos. Brasília: MEC, Conselho Nacional de Educação, 2000.

_____. Ministério da Educação. Parecer da CEB/CNE n. 23/2008 de 08 de outubro de 2008. Diretrizes Operacionais para a Educação de Jovens e Adultos. Brasília: MEC, Conselho Nacional de Educação, 2000.

_____. Ministério da Educação. Resolução da CEB/CNE n. 1/2000 de 05 de julho de 2000. Diretrizes Curriculares Nacionais para a Educação de Jovens e Adultos. Brasília: MEC, Conselho Nacional de Educação, 2000.

CATELLI JR., Roberto. O não lugar da educação de jovens e adultos na BNCC. In: CATELLI JR., Roberto; CÁSSIO, Fernando. *A educação é a base?* 23 autores discutem a BNCC. São Paulo: Ação Educativa, 2019. Disponível me: https://acaoeducativa.org.br/publicacoes/educacao-e-a-base-23--educadores-discutem-a-bncc/. Acesso em: 28 abr. 2024.

_____ (org.). *Formação e práticas na EJA.* São Paulo: Ação Educativa, 2017.

_____; HADDAD, Sérgio; RIBEIRO, Vera Masagão (orgs.). *A EJA em xeque:* desafios das políticas de educação de jovens e adultos no século XXI. São Paulo: Global, 2014.

_____; ESCOURA, M. Sujeitos da diversidade: a agenda LGBT na educação de jovens e adultos. *Olhares*: *Revista do Departamento de Educação da Unifesp*, v. 4, n. 1, p. 226–245, 2016. Disponível em: https://periodicos.unifesp.br/index.php/olhares/article/view/524/189. Acesso em: 28 abr. 2024.

CENPEC; AÇÃO EDUCATIVA; INSTITUTO PAULO FREIRE. Em busca de saídas para a crise das políticas públicas de EJA. São Paulo: Movimento Pela Base, 2022. Disponível em: https://observatorio.movimentopelabase.org.br/wp-content/uploads/2022/10/dossieeja.pdf. Acesso em: 28 abr. 2024.

DI PIERRO, Maria Clara. Notas sobre a redefinição da identidade e das políticas públicas de educação de jovens e adultos no Brasil. *Educação e Sociedade*, Campinas, v. 26, n. 92, p. 1115-1139, 2005. Disponível em: https://www.scielo.br/j/es/a/mbngdHjkWrYGVX96G7BWNRg/?format=pdf. Acesso em: 28 abr. 2024.

_____; HADDAD, S. Transformações nas políticas de educação de jovens e adultos no Brasil no início do terceiro milênio: uma análise das agendas nacional e internacional. *Cad. CEDES*, Campinas, v. 35, n. 96, p. 197-217, ago. 2015. Disponível em: https://www.scielo.br/j/ccedes/a/q4xPMXVTQvQS YrPz9qQBCgN/?lang=pt. Acesso em: 28 abr. 2024.

FREIRE Paulo. *Pedagogia do oprimido*. 84. ed. Petrópolis: Paz &Terra, 2019.

GADOTTI, Moacir (org.). *A experiência do Mova-SP*. São Paulo: Instituto Paulo Freire, 1996. Disponível em: http://www.dominiopublico.gov.br/download/texto/me002448.pdf. Acesso em: 28 abr. 2024.

GRACIANO, Mariangela; LUGLI, Rosário S.G. *Direitos, diversidade, práticas e experiências educativas na Educação de Jovens e Adultos*. São Paulo: Alameda, 2017. Disponível em: https://www.alamedaeditora .com.br/wp-content/uploads/2020/05/direito_diversidade_MIOLOfinal-ilovepdf-compressed. pdf. Acesso em: 28 abr. 2024.

HOOKS, bell. *Ensinando pensamento crítico*. São Paulo: Elefante, 2020.

KLEIMAN, Ângela. EJA e o ensino da língua materna: relevância dos projetos de letramento. *EJA em Debate*, Florianópolis, v. 1, n. 1. nov. 2012. Disponível em: http://incubadora.periodicos.ifsc.edu. br/index.php/EJA/article/view/322/pdf. Acesso em: 28 abr. 2024.

MORDUCHOWICZ, Alejandro; ARANGO, Aída. Desenho institucional e articulação do federalismo educativo: experiências internacionais. In: OLIVEIRA, Romualdo Portela de. *Educação e federalismo no Brasil*: combater as desigualdades, garantir a diversidade. Brasília: Unesco, 2010. Disponível em: https://unesdoc.unesco.org/ark:/48223/pf0000187336. Acesso em: 28 abr. 2024.

OLIVEIRA, Marta Khol de. Jovens e adultos como sujeitos de conhecimento e aprendizagem. MEC/ Unesco. Educação como exercício de diversidade. Brasília: Unesco/MEC, Anped, 2005 (Coleção Educação para todos; v. 6). Disponível em: http://portal.mec.gov.br/index.php?option=com_ docman&view=download&alias=647-vol7div-pdf&Itemid=30192. Acesso em: 28 abr. 2024.

_____. Ciclos de vida: algumas questões sobre a psicologia do adulto. *Educação e Pesquisa*, São Paulo, v. 30, n. 2, p. 211-229, maio/ago. 2004.

PINTO, José Marcelino de Rezende. As esperanças perdidas da educação de jovens e adultos com o Fundeb. *FINEDUCA – Revista de Financiamento da Educação*, v. 11, n. 14, 2021. Disponível em: https:// seer.ufrgs.br/index.php/fineduca/article/view/111438. Acesso em: 28 abr. 2024.

SÃO PAULO (SP). Secretaria Municipal de Educação. Ciejas na cidade de São Paulo: identidades, culturas e histórias. São Paulo: SME/Coped, 2020. Disponível em: https://acervodigital.sme.prefeitura. sp.gov.br/wp-content/uploads/2021/08/LIVRO_CIEJAs-na-Cidade_WEB.pdf. Acesso em: 28 abr. 2024.

TERIGI, Flávia. As cronologias de aprendizagem: um conceito para pensar as trajetórias escolares. Conferência da Jornada de abertura do ciclo letivo de 2010. Ministério de Cultura e Educação, Governo de La Pampa. Disponível em: https://cfvila.com.br/image/catalog/pdf/2018/Viagens/ Tx.%20Cronologias%20de%20Aprendizagem..pdf. Acesso em: 28 abr. 2024.

Agradecimentos

A escrita desta obra não poderia acontecer sem os muitos anos de experiência de trabalho conjunto com educadores e gestores da EJA em diferentes contextos. Em especial, quero agradecer à Ação Educativa pela oportunidade de estar próximo de processos formativos e de reflexão no campo da EJA e também ao Colégio Santa Cruz, onde o convívio com os educadores e educandos da EJA vem transformando e refinando minha compreensão sobre os caminhos a serem seguidos para que a modalidade cumpra o papel de resgatar direitos com equidade. Agradeço particularmente ao grupo de alfabetização e letramento, que durante o ano de 2023 se reuniu para refletir sobre as especificidades da EJA no campo da leitura e escrita, ampliando as reflexões que estão presentes, sobretudo, no capítulo "Uma pedagogia da heterogeneidade". Integraram o grupo: Adriana O. Ferreira, Cláudio Bazzoni, Ellen Rosenblat, Giulia M. Mendonça, Heloísa C. Moreira, Iara Covas, José Paulo. F. dos Santos, Luciana Ferraz, Maria Lygia C. Motta e Priscila R. dos Santos. Agradeço ainda a Franciele Busico e Iva Mendes pelas contribuições para a descrição de experiências escolares de jovens e adultos.

CADASTRE-SE

EM NOSSO SITE,
FIQUE POR DENTRO DAS NOVIDADES
E APROVEITE OS MELHORES DESCONTOS

LIVROS NAS ÁREAS DE:

História | Língua Portuguesa
Educação | Geografia | Comunicação
Relações Internacionais | Ciências Sociais
Formação de professor | Interesse geral

ou
editoracontexto.com.br/newscontexto

Siga a Contexto
nas Redes Sociais:
@editoracontexto